U0113492

Development Report on Zhejiang-Czech Economic and Trade Cooperation under the Framework of the Belt and Road Initiative

(2019)

Zhang Haiyan, Zheng Yali, Zhou Junzi

Translated by

Zhu Huifen, Fan Shuangshuang, Xu Lei, Lü Fangyi

ZHEJIANG UNIVERSITY PRESS

浙江大学出版社

Preface

The Czech Republic, located in central Europe, has long enjoyed economic development and social stability; it is one of the fastest growing economies among EU member states. Since 2005, the Czech Republic has been listed by the World Bank as a high-income country. In 2018's latest national credit ranking by the three internationally renowned credit rating institutions, the Czech Republic ranked the 11th among EU member states and the 1st in the Central and Eastern European countries. As a member of the Schengen countries, the Czech Republic enjoys convenient transportation and good infrastructure which all renders it the matchless unique geographical advantage to be further developed into a connecting hub of Eurasia. Boasting a robust industrial base with countless high-quality skilled technicians, the Czech Republic's industries of automobiles and spare parts, machinery manufacturing, electrical and electronic manufacturing, aircraft manufacturing, bio-pharmaceuticals, nano and new materials are globally competitive. At the same time, a sound overall legal system and social stability have made the Czech Republic a preferred target for foreign investment entering the Central and Eastern Europe market and thus one of the most prosperous countries in Central and Eastern Europe to attract foreign investment.

Ever since the "16+1 Cooperation" and the Belt and Road Initiative were put forward, Sino-Czech economic and trade cooperation has entered a new phase of both government promotion and market assistance. The bilateral trade volume has exceeded USD 10 billion for five consecutive years, accounting for 1/5 of the total trade volume between China and 16 countries of Central and Eastern Europe. In 2018, Sino-Czech trade volume exceeded USD 15 billion for the first time, hitting a record high of USD 16.31 billion, a year-on-year increase of 31.5%. China has become the third largest trading partner of the Czech Republic; therefore, the Czech Republic is evolving into China's second largest trading

2

Development Report on Zhejiang-Czech Economic and Trade
Cooperation under the Framework of the Belt and Road Initiative (2019)

partner in Central and Eastern Europe. Two-way investment has developed rapidly, and the financial cooperation between the two sides has continued to deepen with humanities exchanges blooming in an increasingly dynamic vitality. In 2018, Zhejiang produced a satisfactorily fruitful result of the Sino-Czech cooperation. In terms of trade, the import and export trade between Zhejiang and the Czech Republic reached USD 932 million, a year-on-year increase of nearly 1/4.

With regards to investment, Zhejiang's investment in the Czech Republic is remarkably eye-catching with a recorded investment of USD 340 million. A more gratifying change is that with the expansion of the investment scale, Zhejiang-Czech investment tends to gather in crucial cooperation areas such as new energy vehicles. The investment projects of Wanxiang A123 Systems (Czech) Co., Ltd., Hangzhou XZB Tech Co., Ltd., Ningbo Jifeng Auto Parts Co., Ltd. and Ningbo Rickel Auto Parts Co., Ltd. have generated an industrial spillover effect and thus deepened collaboration between the two parties along the industrial chain. In terms of humanities exchanges, Zhejiang-Czech cooperation has been increased in a wide diversity with remarkable fruits, and thus effectively enhanced mutual understanding and friendship.

2018 marks the 100th anniversary of the founding of the Czech Republic, and 2019 has witnessed the 70th anniversary of the establishment of diplomatic relations between China and the Czech Republic. It is on this very occasion and under this circumstance that the *Development Report on Zhejiang-Czech Economic and Trade Cooperation under the Framework of the Belt and Road Initiative (2019)* is successfully released. Unlike the previous report, the 2019 version contains current status analysis, historical summary and trend prediction. This report is divided into three sections, namely the current situation, development and feature.

The current situation section analysis presents a comprehensive picture of import and export trade, two-way investment and humanities exchanges between Zhejiang and the Czech Republic in 2018 with facts and figures.

In summarising the economic development of the Czech Republic in 2018, the development section has made a reliable prediction of the economic trend of it in 2019 while providing a decision-making reference for enterprises and institutions interested in conducting economic and trade cooperation with the Czech Republic.

Under the motif of "cooperation and innovation", the feature section is divided into two parts. The first part reviews the development of bilateral economic and trade cooperation over the past 70 years since the establishment of diplomatic relations between China and the Czech Republic. Based on the analytic scrutiny of the traits and facts characterising Sino-Czech trade cooperation at this stage, this part gives top priority to the bilateral industrial chain cooperation between the two sides to better improve the economic dependence. The second part looks into the future and focuses on the field of scientific and technological innovation. This section also provides readers with a detailed analysis of the latest key strategy of the Czech Republic: Innovation Strategy of the Czech Republic 2019—2030: The Country for the Future.

Aiming at three directions of digitalisation, entrepreneurial incubation and smart infrastructure, this strategy focuses on eight areas such as artificial intelligence and biotechnology with the ultimate goal to make Czech the innovation leader in Europe by 2030 and to create an innovative ecosystem covering the entire innovation chain. Highly consistent with the two goals of "Internet plus" and life and health defined by the Zhejiang Science and Technology New Deal in December 2018, this undoubtedly renders Zhejiang one of the most suitable provincial candidates in China for the Czech Republic to promote innovation cooperation, making technological innovation the key area for future cooperation between Zhejiang and the Czech Republic.

Released in three languages of Chinese, English and Czech, this report is under the guidance of Zheng Yali, who is responsible for the framework designing and overall draft review as well as the writing of part of the feature section. Zhang Haiyan is in charge of the organisation of composing and draft review as well as the writing of part of the current situation section and the feature section. Zhou Junzi wrote part of the current situation section and development section. Wei Ji wrote part of the Chinese version of the feature section. Zhu Huifen is responsible for the composing and review of the English version. Zhu Huifen and Lü Fangyi are responsible for the translation of the current situation section and part of the feature section. Fan Shuangshuang and Xu Lei are responsible for part of the development and the feature sections. Xu Weizhu is responsible for the organisation of Czech translation and draft review. Renata Cuhlova is responsible for the final review of the Czech version. With this report as a medium, we hope to encourage discussions and exchanges with the Czech Republic and the Belt and Road researchers around the globe to promote scientific research cooperation and work in unity to contribute and harvest fruitful research results.

This report is the annual research result of the Czech Research Centre of Zhejiang Financial College, which is established under the guidance of the Ministry of Education of China. The Czech Centre is a regional research centre, an open research platform dedicated to the comprehensive study of Czech politics, economy, culture and society as well as a new type of think tank serving the needs of the Belt and Road construction.

4

Due to the limitations of the research team, mistakes and flaws are inevitable, and we are open to all sectors of society for criticism and improvement.

Zheng Yali

President, Zhejiang Financial College
Director, Czech Research Centre

Contents

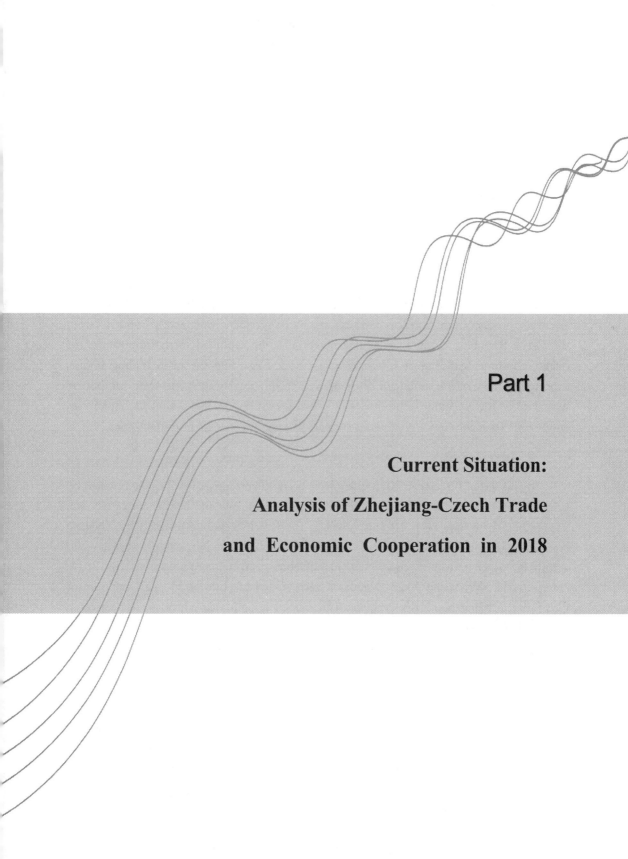

Part 1

Current Situation:

Analysis of Zhejiang-Czech Trade

and Economic Cooperation in 2018

Introduction

◆ Trade

In 2018, the Zhejiang-Czech trade volume reached USD 932 million, among which Zhejiang's export to the Czech Republic reached USD 795 million while its import from the Czech Republic amounted to USD 137 million, indicting an obvious trade imbalance between the two sides. Regarding the commodity composition, Zhejiang mainly exported garments, textile, electrical wires and cables, etc., to the Czech Republic, and mechanical and electronic products, raw materials and resource-based products were mostly imported from the Czech Republic. There is still huge potential to be exploited in the importation of quality consumer goods with Czech characteristics. Regarding the main trading bodies, exporters to the Czech Republic in Zhejiang were mainly private enterprises while importers were mostly foreign-funded enterprises. Meanwhile, cross-border e-commerce enterprises and foreign trade business service enterprises are playing increasingly important roles.

◆ Investment

By the end of December 2018, there have been 99 enterprises in Zhejiang invested by Czech companies with the focus on the industries of garments and textile, auto parts, etc. Meanwhile, there have been 19 enterprises in the Czech Republic invested by Zhejiang companies mainly focused on the industries of wholesale, railway, ships, aviation and aerospace, other transport equipment manufacturing, metal products, etc. In 2018, enterprises like Wanxiang A123 Systems (Czech) Co., Ltd., Europe Huajie Development Co., Ltd. and Hangzhou XZB Tech Co., Ltd. launched high-quality investment projects in the Czech Republic.

◆ People-to-People Exchanges

In 2018, people-to-people exchanges between Zhejiang and the Czech Republic became increasingly active with diverse highlights. With the further implementation of educational cooperation, two universities newly added a Czech major into their programmes, and one Confucius Institute was set up through cooperation. People-to-people exchanges were also carried out in rich forms. The Czech Pavilion of Zhejiang Financial College was successfully established and opened. Exhibition of water painting with the theme of the West Lake, Zhejiang (Czech) Film Week and other activities were successful. Following the events of the China-EU Tourism Year, Zhejiang and the Czech Republic promoted tourism cooperation and stimulated tourism between the two sides.

Zhejiang

Zhejiang has always attached great importance to exploiting the potential of two-way cooperation with the Czech Republic, promoting bilateral economic and trade exchanges, expanding the scale of two-way investment and deepening people-to-people exchanges between the two sides. In 2018, Zhejiang-Czech cooperation yielded satisfactory results. In terms of trade, the volume of Zhejiang-Czech imports and exports reached USD 932 million, an increase of nearly 25% over the same period last year. In terms of investment, Zhejiang's investment in the Czech Republic manifested an outstanding performance with a recorded investment amount of USD 340 million. With the increase of investment, Zhejiang-Czech's investment showed a trend of agglomeration in critical areas of cooperation such as new energy vehicles. Wanxiang A123 Systems (Czech) Co., Ltd., Hangzhou XZB Tech Co., Ltd., Ningbo Jifeng Auto Parts Co., Ltd., Ningbo Recticel Auto Parts Co., Ltd., and other investment projects have generated the industrial spillover effect, promoting the two parties to deepen cooperation along the industrial chain. In terms of people-to-people exchanges, Zhejiang-Czech collaboration has been propelled forward with various eye-catching forms which have effectively strengthened the connection between the peoples of the two sides and thus promoted the friendship between the two partners.

Ⅰ. Trade

1. Overview

The trade volume between the two countries reaches USD 932 million, an increase of 24.04% over the same period last year, yet the overall scale is not large, and the trade imbalance remains obvious.

Official data shows that the trade volume of Zhejiang-Czech imports and exports, growing from USD 409 million to USD 932 million, has increased 1.28 times during the decade from 2009 to 2018, with an average annual growth of 9.58% (Figure 1-1). Within that period the amount of Zhejiang exports to the Czech Republic rose from USD 348 million to

USD 795 million, a year-on-year increase of 9.61%; imports rose from USD 61 million to USD 137 million, a year-on-year increase of 9.41%. In 2018, the Zhejiang-Czech trade reached USD 932 million, hitting a record high, an increase of 24.04% over the same period last year, nearly 13% higher than the average growth rate (11.38%) of imports and exports in Zhejiang over the same period. Within this period, Zhejiang exports to the Czech Republic were USD 795 million, a year-on-year increase of 24.80%, and imports were USD 137 million, a year-on-year increase of 19.80%. On the whole, the imports and exports between Zhejiang and the Czech Republic have grown rapidly but not in a large volume. In terms of trade flow, Zhejiang's exports to the Czech Republic were in a much larger volume than that of imports from the Czech Republic, and the trade imbalance remains.

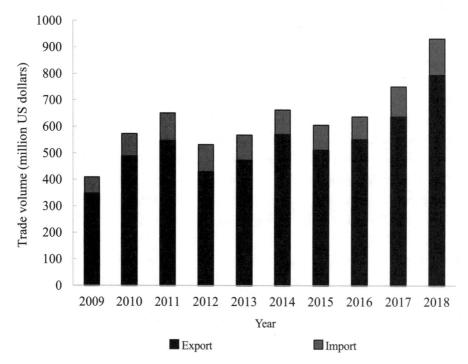

Figure 1-1   Trade Volumes of Zhejiang-Czech Imports and Exports from 2009 to 2018
(**Source:** Department of Commerce of Zhejiang Province)

2. Commodity Composition

Zhejiang commodities exported to the Czech Republic are mainly garments and textile, electric wires and cables, etc., whereas imported commodities from the Czech Republic are primarily mechanical and electronic products, raw materials as well as resource-based products.

In regards to the composition of exported commodities, the top 10 Zhejiang exports to the Czech Republic in 2018 are shown in Figure 1-2, with apparel and garment accessories, electric wires and cables as the principal commodities. Of all the Zhejiang exports to the Czech Republic, apparel and garment accessories were the dominant products, amounting to USD 86.77 million, contributing to 10.91% of total exports in 2018. If textile yarn, fabrics and made-up articles (at the fourth place of the top 10) are counted together with apparel and garment accessories, this category will exceed USD 100 million, accounting for nearly 15% in exports. The categories in the top 10 were electric wires and cables, electric motors and generators, valued about USD 30 million, much less than that of textile and garment.

At present, the concentration rate of major commodities exported from Zhejiang to the Czech Republic is lower than the overall level of Zhejiang over the same period. In 2018, Zhejiang's top 10 commodity exports to the Czech Republic accounted for 36.41% of Zhejiang's total exports to the Czech Republic, 5% lower than Zhejiang's top 10 commodity exports in Zhejiang's total exports over the whole year. The exported commodities from Zhejiang to the Czech Republic with a higher rate of concentration than the overall level in Zhejiang include apparel and garment accessories, electric wires and cables, steel or copper standard fasteners and auto parts.

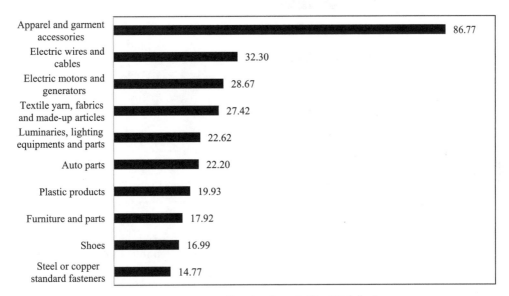

Export volume (million US dollars)

Figure 1-2　Major Zhejiang Commodities Exported to the Czech Republic in 2018
(**Source:** Department of Commerce of Zhejiang Province)

In regards to the composition of imported commodities, the top 10 Zhejiang imports from the Czech Republic in 2018 are shown in Figure 1-3, with scrap metal, machine tools for metal processing and so on as the main products. The top 10 Zhejiang imports from the Czech Republic accounted for 45.03% of Zhejiang's total imports from the Czech Republic

6

Development Report on Zhejiang-Czech Economic and Trade
Cooperation under the Framework of the Belt and Road Initiative (2019)

over the same period. The commodity concentration rate was higher than that of the main exported products, and it was also higher than the overall concentration rate of the main imports in Zhejiang over the same period. To a certain extent, it reflected Zhejiang's main demanding areas of commodities from the Czech Republic. The total import volumes of machine tools for metal processing, automatic control instruments for metrological testing and analysis, printing and binding machinery and other mechanical and electrical products reached USD 31.4805 million, accounting for 23.02% of Zhejiang's total imports from the Czech Republic. The total import volumes of raw materials and resource-based products such as scrap metal, plastics in primary forms and logs reached USD 25.4269 million, accounting for 18.60% of Zhejiang's total imports from the Czech Republic in 2018.

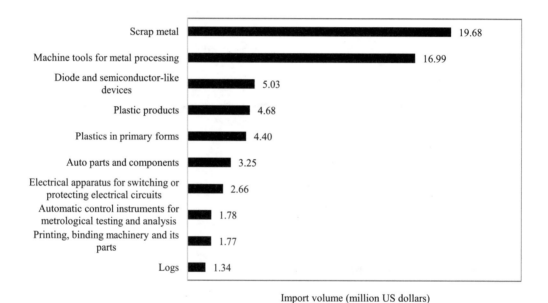

Import volume (million US dollars)

Figure 1-3   Major Commodities Imported from the Czech Republic to Zhejiang in 2018
(**Source:** Department of Commerce of Zhejiang Province)

At present, there is still an apparent import-export imbalance between Zhejiang and the Czech Republic. To address the imbalance of the two countries, it is necessary to understand the following facts:

1) In terms of commodity composition, neither Zhejiang nor the Czech Republic is rich in resources. Therefore, the imports and exports of resource-based commodities cannot be increased in a large volume, and such commodities shall not become the main ones for bilateral trade. Instead, the priority should be focused on the industry intermediate goods and manufactured goods, and there is still much potential to be exploited to expand industrial cooperation and promote bilateral trade of industrial goods. Increasing imports of Czech

consumer goods is one of the main approaches to reduce the trade deficit. However, it is of great necessity to fix the two bottlenecks: the severe homogeneous competition of consumer goods imported from Central and Eastern Europe and the supply capacity shortage of the Czech Republic's products. It is difficult to improve the situation significantly in a short term, and it still takes a long way to cultivate the domestic market.

2) "Made in Zhejiang" has a strong competitive advantage in the global market while "Made in the Czech Republic" is more integrated into the European industrial chain centred on Germany. Therefore, the long-term strategy to achieve the sustainable growth of bilateral trade lies in promoting and encouraging Czech enterprises to carry out industrial chain cooperation with Zhejiang enterprises. This will provide a fair playing field with each country's technological, manufacturing and market advantages as well as jointly enhance the competitiveness of the industrial chain.

3) Strengthening the awareness of cooperation with the three parties can be conducive to pushing forward Zhejiang-Czech cooperation into a new phase, especially in taking advantage of the Czech Republic's location-specific and industrial chain advantages in Europe, building the cooperation channels between Zhejiang, the Czech Republic and other countries in western and northern Europe, jointly developing the international market, and creating a pattern of multilateral win-win cooperation.

3. Main Trading Bodies

Private enterprises play a major role in exportation, foreign-funded enterprises lead in importation, and cross-border e-commerce enterprises and foreign trade business service enterprises grow in importance.

In terms of the export trade, the top 20 enterprises in export scale from Zhejiang Province to the Czech Republic in 2018 were Panasonic Motor (Hangzhou) Co., Ltd., Yiwu Wenshan Import and Export Co., Ltd., Asmo Hangzhou Xiaoshan Small Motor Co., Ltd., Zhejiang Cfmoto Power Co., Ltd., Mobiwire Mobiles (Ningbo) Co., Ltd., Hangzhou Sunrise Technology Co., Ltd., Zhejiang Ke'en Sanitary Fixtures Co., Ltd., Hangzhou Hikvision Digital Technology Co., Ltd., Zhejiang Zhaolong Cable Co., Ltd., Cixi Donggong Electric Co., Ltd., Ningbo Hongyi Electronics Technology Co., Ltd., Ningbo Haitian International Trade & Forwarding Co., Ltd., Zhejiang Hailide New Material Co., Ltd., Nidec Shibaura (Zhejiang) Co., Ltd., Ningbo Timberword International Trade Co., Ltd., China-Base Ningbo Foreign Trade Co., Ltd., Zhejiang Jemimah Garment Co., Ltd., Yiwu Tangma Import and Export Co., Ltd., Ningbo NGP Industry Co., Ltd., Ningbo Boda Machine Co., Ltd. In terms of the nature of business, 11 private enterprises of the top 20 exported from Zhejiang to the Czech Republic play a major role in Zhejiang's exports to the Czech Republic. Regarding the business model, the new business types of foreign trade, such as market procurement and cross-border e-commerce, gradually expanded their scale of business. Foreign trade business service enterprises play an active role in promoting the development of a large number of small-, medium- and

8

Development Report on Zhejiang-Czech Economic and Trade
Cooperation under the Framework of the Belt and Road Initiative (2019)

micro-sized foreign trade enterprises. For instance, China-Base Ningbo Foreign Trade Co., Ltd. is a foreign trade business service enterprise that integrates foreign trade, logistics, finance, cross-border e-commerce, and overseas warehouse, providing small-, medium- and micro-sized foreign trade enterprises with online and offline integrated services throughout to assist them in opening up the Czech and European markets.

Regarding the import trade, the top 20 enterprises importing from the Czech Republic to Zhejiang Province in 2018 included China Ningbo International Cooperation Co., Ltd., Kayaku Safety Systems (Huzhou) Co., Ltd., Ningbo Jintian Copper (Group) Co., Ltd., Key (Huzhou) Safety Systems Co., Ltd., Lego Toy Manufacturing (Jiaxing) Co., Ltd., Zhejiang Neoglory Jewelry Co., Ltd., Jiashan Sun-King Power Electronics Group Limited, Ningbo Leadgo E-commerce Co., Ltd., Ningbo Gongyi Alloy Co., Ltd., Hailun Piano Co., Ltd., Zhejiang Liuqiao Industrial Co., Ltd., AMO (Hangzhou) Co., Ltd., Ningbo Texoon Brassworks Co., Ltd., NBHX Trim China Co., Ltd., Zhejiang Ueasy Business Service Co., Ltd., Hangzhou Kator Foreign Trade Co., Ltd., Joyson (Changxing) Automotive Safety Systems Co., Ltd., KSK Automotive Components (Pinghu) Co., Ltd., Gezhouba Zhanci (Ningbo) Metal Industry Co., Ltd., Zhejiang Junlian Copper Limited. In terms of the nature of business, the top 20 Zhejiang enterprises importing from the Czech Republic included 10 foreign-owned enterprises, Sino-foreign joint ventures, Taiwan, Hong Kong and Macao joint ventures. Compared with 2017, Zhejiang's imports from the Czech Republic showed an increasing trend of concentration in 2018 in the fields of auto parts and components, metal processing, etc. Among the top 20 Zhejiang enterprises that imported from the Czech Republic, four were engaged in the business of auto parts and components, and three were involved in the business of metal and metal-related products.

II. Investment

1. The Investment of Czech Enterprises in Zhejiang Province

By the end of 2018, the Czech Republic invested and set up 99 enterprises in Zhejiang with contracted foreign capital of USD 97.05 million and actual foreign capital of USD 79.82 million. Investment mainly concentrated on industries of textile and apparel, leather clothing, auto parts and accessories, cotton and chemical fiber knitted and woven products and other related industries.

The following are major large-scale investment projects of Czech enterprises in Zhejiang.

(1) Jinhua Guanghua Printing Garment Co., Ltd.

Established in August 2002, Jinhua Guanghua Printing Garment Co., Ltd. is a Sino-Foreign joint venture invested by Guanghua Printing Factory and Czech Hengxiang Co., Ltd.

With an actual foreign investment of USD 3 million covering main areas of publications, packaging and decoration printing, the company has blossomed into the pillar company of printing industry in central Zhejiang. As one of the key enterprises in the area of cultural product exporter of Zhejiang Province and with a stable domestic and foreign customer base, its products are exported to North America, Western Europe, Southeast Asia, the Middle East and other regions.

As the main body of Czech investment, Czech's Hengxiang Co., Ltd. has at present invested in four projects in China which all concentrate in Zhejiang Province. The aggregate investment reaches USD 29.3 million, exceeding one-third of the actual accumulative Czech investment in Zhejiang. Apart from Jinhua Guanghua Printing Garment Co., Ltd., the other three projects are as follows: Jinhua Guanhua Crystal Co., Ltd., established in 2005 with an actual foreign investment of USD 21.6 million and engaged in the manufacture of non-metallic mineral products; Wenzhou Baiji Trading Co., Ltd., established in 2008 with an actual foreign investment of USD 4 million and engaged in the wholesale of luminaries and decorative goods; Pujiang Hengjie Crystal Co., Ltd., established in 2005 with an actual foreign investment of USD 0.7 million and engaged in the manufacture of arts and crafts.

(2) Ningbo Recticel Auto Parts Co., Ltd.

Established in October 2006, Ningbo Recticel Auto Parts Co., Ltd. was founded by Czech Recticel Interior Decoration Company (RECTICEL Interiors CZ s.r.o.). With an actual foreign investment of USD 5 million and engaged in the manufacture of auto parts and spare parts, it is the first investment project of Recticel in China. As the largest manufacturer of polyurethane sponges in Europe, Recticel manufactures high-quality polyurethane foam and provides interior components for all major car brands. For example, it is a long-term supplier of seats and dashboard foam panels for Mercedes-Benz and BMW. Committed to the development and production of auto parts and interior accessories, Ningbo Recticel Auto Parts Co., Ltd. has an annual production capacity of 2 million pieces of automobile dashboard which are supplied to automobile companies such as Shanghai Volkswagen, Citroën and Youngman.

2. Investment of Zhejiang Enterprises in the Czech Republic

By the end of 2018, Zhejiang Province has invested in 19 enterprises in the Czech Republic with a total investment of USD 359 million, among which USD 358 million has been recorded by the Chinese. The investment mainly focuses on industries of wholesale, railway, shipping, aerospace and other transport equipment manufacturing as well as metal products.

The following are major large-scale investment projects of Zhejiang enterprises in the Czech Republic.

10

Development Report on Zhejiang-Czech Economic and Trade
Cooperation under the Framework of the Belt and Road Initiative (2019)

(1) Wanxiang A123 Systems (Czech) Co., Ltd.

Wanxiang A123 Systems (Czech) Co., Ltd. was established by A123 in 2016 in Ostrava, Moravia-Silesia, Czech Republic. In 2018, Wanxiang A123 Systems (Czech) Co., Ltd. investment entity was adjusted to Wanxiang 123 Systems (Czech) joint-stock company with a USD 298 million investment on record. A123 is mainly engaged in electrical machinery and equipment manufacturing. Its major task is to provide lithium battery modules and systems for European customers.

A123 is a professional lithium-ion battery manufacturing corporation subsidiary to Wanxiang Group with its research and development, manufacturing bases and sales outlets in Michigan and Massachusetts of United States, Hangzhou of China, Stuttgart of Germany, Czechoslovakia and other places. On March 2, 2017, A123 held its opening celebration at the lithium battery factory in the Czech Republic. As an integral part of the global business strategic layout of A123, this factory will cooperate with the technology centre in Stuttgart, Germany to better serve the expanding European market including Mercedes-Benz from Daimler, Porsche, Jaguar Land Rover and other European car companies. In the strategic scheme of Wanxiang Group, the Czech Republic is positioned as the manufacturing base of Europe. The increasing funding of A123 in 2018 to its Czech companies represents the precise measure to fully implement the strategy.

(2) European Vigortec Co., Ltd.

Zhejiang is committed to create the Belt and Road (B&R) Czech Station and build an open complex of logistics, trade, processing as well as manufacturing and other comprehensive services to serve the functions of service centre, trade transit and logistics centre. The Belt and Road (B&R) Czech Station aims to take advantage of the Czech Republic's regional and industrial advantages in the construction of the New Eurasian Continental Bridge. Based on the Czech Republic's radiating coverage of Europe, this endeavour would promote the economic and trade between China and Europe. Currently, the Czech Station has been approved as a provincial overseas Economic and Trade Cooperation Zone of Zhejiang Province.

As an overseas platform company of the Belt and Road (B&R) Czech Station, European Vigortec Co., Ltd. is responsible for the construction and operation of the Czech Station. Established by Zhejiang Vigortec Investment and Development Co., Ltd. with a recorded Chinese investment of USD 30 million, it mainly engaged in business services. According to an overall multifunctional layout, the Belt and Road (B&R) Czech Station is divided into five sub-projects. First, the Freight Yard, a Czech hub of China-EU trains, in which freight stations are constructed with lines exclusively used for railways to serve the "Yiwu-Xinjiang-Europe (YXE) cargo line" and other central European trains. Second, the Logistics Park where overseas warehouses are built with the functions of storage, bonded operation, allocation, distribution and intelligent scheduling. Third, the Business and Trade

Park which features a "Made in Zhejiang" European distribution centre and European commodity collection and import centre to further expand the two-way trade of import and export. Fourth, the Industrial Park, a new product manufacturing base and industrial designing, research and development base in the Czech Republic as well as the production processing zone, science and innovation functional area for Zhejiang enterprises entering the European Union. Fifth, the Integrated Service Park which provides one-stop services such as scientific and technological cooperation, information release, customs management, financial services, economic and trade consultation, business office, cultural exchanges and so on. By the end of 2018, the Belt and Road (B&R) Czech Station freight yard and logistics park sub-projects have entered official operation.

(3) Hangzhou XZB Tech (Europe) Co., Ltd.

Hangzhou XZB Tech (Europe) Co., Ltd. was established in 2017 by Hangzhou XZB Tech Co., Ltd. in Ostrava, Moravia-Silesia, Czech Republic with a registered capital of CZK 5 million (about EUR 0.2 million). The investment will witness a gradual increase according to the actual situation of business with the final registered capital reaching no more than CZK 82 million (about EUR 3.2 million). The record investment of the Chinese side amounts to USD 11.79 million. Specialized in the metal products industry, the company fulfills its main task to invest in the construction of European project bases for auto parts and other mechanical parts.

Set up by Hangzhou XZB Tech Co., Ltd., XZB Tech (Europe) Co., Ltd. is a European production base to further develop its international business, better respond to the service demand of European customers and ultimately to enhance the comprehensive competitiveness of the company. The base will be equipped with advanced modern production equipment and an excellent team to enhance the production capacity and boost the research, development and service strength of the company. At present, plant decoration, equipment investment and team construction of the project are in implementation, and it is expected to be commissioned and start supplying in 2019, thus forming an annual production scale of 1 million sets of hydraulic tappet, roller rocker arm and 2.5 million sets of high-pressure pump tappet.

III. People-to-People Exchanges

1. Educational Cooperation Bore Rich Fruit, Displaying a Wide Diversity

By the end of 2018, schools and institutions involved in Zhejiang and Czech educational cooperation mainly include Zhejiang University, Zhejiang Sci-Tech University, Zhejiang Chinese Medical University, Zhejiang Wanli University, Hangzhou Dianzi University, Zhejiang Gongshang University, Wenzhou University, China Jiliang University, Zhejiang International

Studies University, Zhejiang Yuexiu University of Foreign Languages, Zhejiang Financial College and Zhejiang Wenlan Education Group. In March 2018, Zhejiang International Studies University and Zhejiang Yuexiu University of Foreign languages were approved to add the major of Czech language study to cultivate Czech language talents. In June, the Fifth China (Ningbo)-Central and Eastern European Countries Educational Cooperation Exchange Conference, namely the Belt and Road Countries Education Cooperation Summit was held in Ningbo where a total of 17 educational cooperation agreements were signed. Many cooperation projects and platforms, such as the Silk Road Alliance International Business MOOC Development Centre and China (Ningbo)-CEE Entrepreneur Professor Alliance, were launched. China (Ningbo)-Central and Eastern Europe Urban Infrastructure Education and Investment Cooperation Research platform was officially unveiled. Both of Zhejiang Gongshang University and Wenzhou University have signed cooperation agreements with Czech University of Life Sciences Prague. In November, the Confucius Institute Headquarters / Office of Chinese Language Council International, China Jiliang University and the University of Financial and Administration in Prague jointly signed a cooperation agreement to establish the Confucius Institute of University of Financial and Administration. On November 19, the Czech Pavilion of Zhejiang Financial College was successfully opened to students to create an exhibition centre for promoting Zhejiang-Czech cooperation and expanding the public's understanding of Czech culture. It also serves as a remarkable extra-curricular activity teaching base for students to learn Czech culture, a cultural lecture hall for Zhejiang-Czech economic and trade cooperation training as well as a social museum to display the productive people-to-people exchanges and amity between Zhejiang and Czech. At the same time, an increasing number of Czech youth have come to Zhejiang to study. A pluralistic pattern of educational cooperation has gradually unfolded between Zhejiang and the Czech Republic. The two partners have agreed to allow short-term exchange programmes, project cooperations and diploma-offering programmes in basic education, vocational education and higher education institutions.

2. Tourism Continues to Heat Up with Dynamic Momentum with Dividends to Be Expected

2018 marks the China-EU Tourism Year, against which China and Czech Republic tourism continues to heat up. According to the Czech Statistical Office, nearly 620,000 Chinese tourists visited the Czech Republic in 2018, representing an increase of 26.5% over the same period last year. China ranks fourth among the foreign tourists' sources of the Czech Republic, just behind Germany, Slovakia and Poland. *The 2018 Central European Tourism Big Data Report* jointly released by the China Tourism Academy and Ctrip's Huacheng National Travel Group demonstrates that the Czech Republic ranks among the top 10 European destinations for Chinese tourists with one of the most substantial increases for the number of Chinese tourists among European destination countries. The two-way tourism promotion and exchanges between Zhejiang and Czech are also in full swing. In May 2018, Ningbo held the first "A port of the ancient Silk Road, a city of pleasure" tour promotion ceremony in Prague, the capital of Czech, showcasing Ningbo's profound historical tradition and the glamour of "living fossil on the Silk Road" in a comprehensive way. In June, the China (Ningbo)-Central and Eastern European Countries Tourism Cooperation Exchange Conference was held in Ningbo. At the meeting, the alliance of two-way Tourism Promotion between Southeast Zhejiang and Central and Eastern Europe was established with a strategic cooperation agreement signed with the Czech Tourism Alliance. The series of promotional activities have further elevated tourism cooperation among Zhejiang, the Czech Republic and other Central and Eastern European countries, thus strengthening the two-way people-to-people exchanges. Many are looking forward to the partnership between Zhejiang and the Czech Republic because both of them have rich and high-quality tourism resources.

3. Ever-boosting Cultural Exchanges and Frequent Interaction Deepen Cooperation

In 2018, Zhejiang and the Czech Republic carried out diverse cultural exchange activities ranging from painting exhibitions, film releasing to art performances.

In June, the cultural exchange group of Zhejiang Financial College embarked on a friendly visit to the Czech Republic for an art performance to spread Chinese traditional culture and the beauty of Chinese art. Through the dance "The West Lake", the tea performance "Across the Ocean to See You" as well as the mono-chord performance of "Hangzhounese", the Czech people are presented with the unique charm of Chinese traditional culture and the exquisite grace of Jiangnan water towns.

In August, the Splendor of lake and mountain: Water Painting about West Lake Exhibition made its debut in Ostrava under the organisation of the Zhejiang Art Museum, jointly hosted by the Zhejiang Provincial Department of Culture, the Moravian-Silesian Regional Authority of the Czech Republic, and the Embassy of the People's Republic of China in the Czech Republic. This exhibition marks the first display of Chinese printmaking in the Czech Republic. A total of 23 paintings depicting the history and existing state of the West Lake allowed the citizens to understand the long and profound tradition of Zhejiang Province.

In September, hosted by Zhejiang Provincial Bureau of Press, Publication, Radio, Film and Television, Zhejiang (Czech) Film week was opened in Prague, during which six Zhejiang films with distinctive features and different styles were released at Prague Evald Theatre and Caroway Windsor Lazne III Hall Theatre, *Seventy-Seven Days*, *End of Summer*, *The Beautiful Lie*, *Detective Dee: The Four Heavenly Kings*, *God of War* and *Love Detective*. During the film week, business discussion and cooperation between film and television enterprises and industries from two sides were also conducted. For example, Hangzhou Jiaping Pictures from Zhejiang and Twin Star Film from Czech have signed the contract of jointly shooting the film *Love at Prague*. The rich and colorful people-to-people exchanges have enhanced the mutual

14

Development Report on Zhejiang-Czech Economic and Trade
Cooperation under the Framework of the Belt and Road Initiative (2019)

understanding between the people of Zhejiang and the Czech Republic, and are of vital significance in solidifying the foundation for boosting the communication between the two sides.

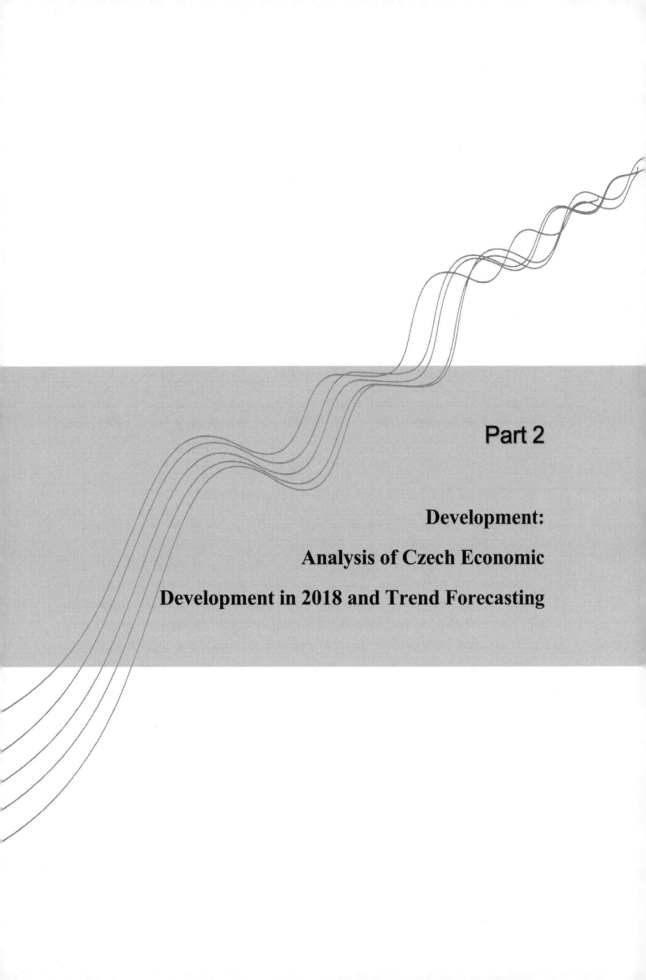

Part 2

Development:

Analysis of Czech Economic

Development in 2018 and Trend Forecasting

16

Development Report on Zhejiang-Czech Economic and Trade
Cooperation under the Framework of the Belt and Road Initiative (2019)

Introduction

◆ Overview of Czech Economic Development in 2018

The Czech economy maintained an upward trend in 2018, but the growth rate had slowed down. In 2018, the Czech GDP reached CZK 5.30 trillion (USD 242.052 billion), and the GDP per capita went up to USD 22,850.32. The annual GDP growth rate was 2.9%, which was slower than the 4.5% in 2017. Manufacturing contributed the most to the Czech GDP growth. Industries such as automotive manufacturing, electronics and optical products were responsible for this.

Consumption and investment remained the main drivers of the Czech economic growth in 2018. Both household consumption and government spending increased substantially, with a high demand for corporate investment. In 2018, Czech import and export growth slowed. Though the trade structure remained stable, 80% of trade was carried out within the EU region. Inflationary pressure still exist, and monetary policy is still in a tight state.

◆ Forecast of Czech Economic Development Trend

The Czech economy will continue to grow in 2019, yet the growth rate will begin to slow. Czech GDP is expected to grow by 2.4% in 2019 and will remain unchanged at 2.4% in 2020. Household consumption is still robust, and government consumption will continue to grow. Investment will remain active, although to a lesser extent than that of 2018. In 2019, the contribution rate of Czech import and export trade to GDP may be negative. The inflation rate in Czech is expected to remain at around 2.3% in 2019 and fall to around 1.6% in 2020. The Czech unemployment rate is projected to remain at 2.2% in 2019 and 2020.

The favourable factors of Czech economic growth in 2019 mainly include high economic stability, sufficient momentum of investment growth, and benefits of innovation + digital strategy, etc. The unfavourable factors mainly include escalation in global trade protectionism, the negative impact of Brexit, inflationary pressure and domestic labour shortage, etc.

The

The Czech economy as a whole maintained an upward trend in 2018 with a slower rate of growth. This trend is expected to be maintained in 2019, of which the growth rate will slow further. Czech GDP increased by 2.9% in 2018 with the expectation that it would fall to 2.4% in 2019. Consumption and investment are still the main drivers of economic growth in the Czech Republic. Household consumption is full of motivation, and consumer confidence remains at a high level, mainly thanks to the increasing disposable income; meanwhile, government consumer spending increased sharply. In terms of investment, the enterprise demand for it is still strong, and government public investment will continue to increase. The Czech inflation rate continued to decline in 2018, but the inflationary pressure remains in 2019. Due to the combined impact from both the internal and external forces, the growth rate of Czech import and export trade slowed down in 2018, among which the external forces played a more influential part. In 2019, the Czech import and export trade situation was even more critical because of the external factors such as trade friction and Brexit (Britain exits from the EU).

Ⅰ. Overview of Czech Economic Development in 2018

1. The Czech Economy Was on the Rise in 2018 with a Slow Growth Rate

In 2018, the total value of Czech GDP reached CZK 5.30 trillion (USD 242.052 billion), and the per capita GDP reached USD 22,850.32—2.33 times that of China's per capita GDP the same year. The growth rate of GDP for the year was 2.9%, higher than the full-year GDP growth forecast of 2.8% of the Czech Ministry of Finance, but lower than 4.5% of GDP growth rate in 2017.

The Czech economy made a good start in the first quarter of 2018, with GDP growing 4.2% over the same period last year. In the second and third quarters, due to rising labour cost and increasing uncertainty in the external economic environment, the growth rate of GDP fell back to 2.4% and 2.5%. The Czech GDP growth rose again to 2.8% in the fourth quarter, mainly stimulated by positive factors such as the growth of imports, exports and government expenditure, with GDP growth rate reaching 1.0%—the highest growth rate in the past six quarters.

In terms of industry distribution, manufacturing is the true pillar of commerce in the Czech Republic, contributing the most to the growth of Czech GDP (as shown in Figure 2-1). In 2018, the Czech manufacturing industry's total output was CZK 1.29 trillion, accounting for 24.19% (about 1/4) of the total annual GDP. Automobile manufacturing, electronics and optical products and other industries particularly have made significant contributions to the growth of GDP. The contribution rate of trade, transport and catering to GDP reached 16.85%. The GDP contribution rate of public administration, education, health and social work industry was 13.86%, and the contribution rate of the real estate industry and the construction industry to GDP was 7.89% and 4.87% respectively. The proportion of information and communication industry in GDP has increased, with the annual output value accounting for 4.65% of the total GDP in 2018.

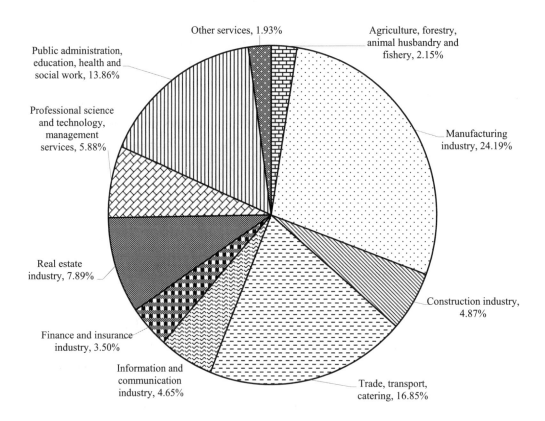

Figure 2-1   Czech GDP Industry Distribution in 2018

(**Source:** The Czech Statistical Office)

2. The Consumption and Investment Are in High Demand, and the Market Remains Active

In 2018, the GDP of the Czech Republic maintained a continued growth trend, and consumption and investment remained the main forces of economic growth (as shown in Figure 2-2). Total Czech consumption reached USD 165.656 billion for the whole year, a year-on-year growth of 10.26%, accounting for 68.44% of the total GDP value. Household consumption remained dynamic. The annual total household consumption reached USD 114.982 billion, making up 69.41% of the total expenditure, a year-on-year increase of 8.75%, indicating that consumer confidence remained at a high level, which was mainly due to the increasing disposable income of Czech households. In December 2018, Eurostat released the ranking of the actual PCE index (personal consumption expenditure) of EU member states. The Czech Republic ranked second among the 11 Central and Eastern European countries of the European Union, lower than Lithuania and higher than Slovenia, Poland and other countries.

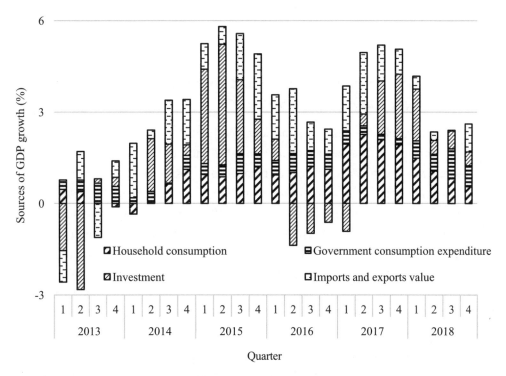

Figure 2-2　Sources of Real GDP Growth in the Czech Republic (2013—2018)
(**Source:** The Czech Statistical Office)

In 2018, the government consumption expenditure of the Czech Republic increased sharply, amounting to USD 49.048 billion for the whole year, an increase of USD 5.9

billion over 2017, a year-on-year growth of 13.71%. The main reason is that the period before, that is, from October 2017 to July 2018, Czech was managed by the interim government. The successful formation of the new government had an impact on the government budget. The growth of government spending is expected to continue until the 2021 general election.

In terms of investment, due to excellent enterprise demand, the fixed capital formation ratio has maintained a high growth rate of 10.1%. Czech investment increased by USD 64.063 billion for the whole year of 2018, an increase of USD 4.365 billion over the same period last year, with a growth of 7.31%, which was mainly used in construction and mechanical equipments. The expansion of corporate investment was primarily driven by three factors: First, the new EU budget bill was finally approved in May 2018, manifesting the financial support of European structure and investment funds to EU member states; second, the inherent demand for technological innovation in Czech private enterprises stimulated investment increase and technological transformation; third, the Czech Republic currently has a low level of real interest rate and high labour costs, and the comparison between the two makes capital cost relatively low compared to labour cost, so enterprises tend to adopt a strategy of "Machine Replace Human". As a result, the Czech investment growth in 2018 reached its peak in recent years.

3. The Growth Rate of Imports and Exports Has Slowed Down, and the Trade Structure Has Remained Stable

The global financial crisis and the following global economic oscillation have had a significant impact on the Czech economy. In 2012 and 2013, the Czech GDP experienced negative growth, but the Czech economic rebounded strongly since 2014 among EU member states. The rapid growth of import and export trade has contributed to this trend, which peaked in 2017 (as shown in Figure 2-3). In 2018, affected by external uncertainties, the growth rate of Czech import and export trade decreased. Statistics from the Eurostat showed that the Czech Republic achieved USD 387.532 billion in imports and exports of goods in the whole year of 2018, a year-on-year increase of 12.13%. Among them, exports totaled USD 202.630 billion, a year-on-year growth of 11.19% and imports totaled USD 184.902 billion, a year-on-year growth of 13.18%. The trade surplus was USD 17.728 billion, a year-on-year decline of 6.01%.

In 2018, the slowdown of the growth rate in Czech import and export trade was the result of the combined actions of internal and external reasons. Among which the external reasons played a more prominent role. The internal purposes are mainly reflected in the rising cost of production and limited production capacity, caused by the labour shortages in the Czech Republic, and thus affect the export capacity and international competitiveness. The external reasons mainly include the following: the resumption of trade protectionism in the United States causing worries about trade wars around the world and pessimism which affects the scale of new orders for enterprises; due to Brexit, EU countries' trade with the UK will be affected; in addition, the rising prices of energy products, especially natural gas and electricity, have led to higher export costs. Czech export trade was influenced by the combined effects of internal and external factors shown above.

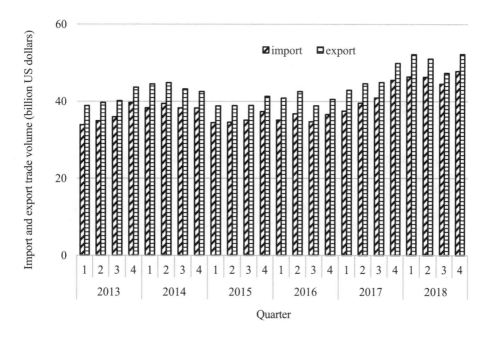

Figure 2-3   Scale of Czech Import and Export Trade (Quarterly Data)
(**Source:** The Czech Statistical Office)

As for the import and export countries, more than 70% of Czech trading in goods takes place within the EU region. Czech exports to the EU (28 countries, still including the UK statistics) in 2018 were USD 170.494 billion, an increase of 11.58%, accounting for 84.14% of its total exports, while imports from the EU (28 countries) were USD 119.139 billion, an increase of 10.73%, accounting for 64.43% of its overall imports. The top five Czech export target countries are Germany (32.39%), Slovakia (7.56%), Poland (6.05%), France (5.11%) and the United Kingdom (4.68%). Germany has absolute dominance in Czech import and export trade. China is the 17th export target country of the Czech Republic. The Czech Republic exported USD 2.584 billion of goods to China throughout the year. The main export commodities are nuclear reactors, boilers, machinery and mechanical appliances and parts, electrical apparatuses, recording equipment and their parts, optical, photographic, film, measuring tools and other equipment, wood or pulp, motor vehicles and spare parts other than the railway or tram tracks. The top five countries of origin of Czech imports are Germany (24.95%), China (14.23%), Poland (7.64%), Slovakia (4.96%) and Italy (4.12%).

In 2018, the Czech Republic imported USD 26.049 billion of goods from China, with a trade deficit of USD 23.465 billion. The main imports included electrical equipment, recording equipment and their spare parts, nuclear reactors, boilers, machinery and mechanical appliances and parts, toys, games and sports equipment and spare parts, non-knitted or crocheted clothing and accessories, vehicles and spare parts other than railways or tram tracks.

In terms of the exchange rate, the Czech Krona fell slowly in 2018, gradually receding from CZK 25.402/EUR in the first quarter to CZK 25.862/EUR in the fourth quarter. As an export-oriented country, Czech benefited from the moderate fall in the exchange rate, which helped increase exports. The recovery in the Czech import and export trade in the fourth quarter also reflected the effect of the fall in the exchange rate to a certain extent.

4. Inflationary Pressure Still Exists, and Monetary Policy Is Still Tightening

According to the Czech Statistical Office, the Czech inflation rate was 2.1% in 2018, 0.4% lower than that of 2017 (as shown in Figure 2-4). It was still a year of higher inflation in the Czech Republic in the past decade, due to rising prices for housing, fuel, food, beverage, tobacco, catering and accommodation in 2018. The Czech National Bank has set an inflation rate of 2% as the regulatory target and has been monitoring inflation levels. Since inflation hit an all-time high of 2.5% by the end of 2017, the Czech National Bank has continued to tighten monetary policy to curb inflation.

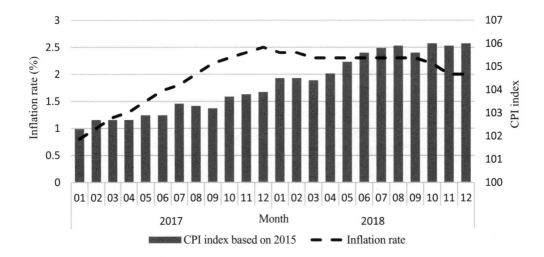

Figure 2-4   Czech CPI Index

(**Source:** The Czech Statistical Office)

The Czech inflation rate was on the decline in 2018, falling back to 2% in November 2018. The Czech National Bank suspended the operation of raising the two-week repo rate for the eighth time (as shown in Figure 2-5). In fact, from the onset of the global financial crisis in 2008 to 2017, the Czech National Bank continued to implement easing policies for a decade with interbank two-week repo rates falling from 3.5% in 2008 to a low rate of 0.05% from November 2012 to August 2017. In August 2017, the Czech National Bank raised its two-week repo rate to 0.25% as the inflation rate exceeded the central bank's regulatory range and prompted the Czech National Bank to tighten monetary policy. It was the first time the Czech National Bank had raised interest rates since 2008. Since then, the upward channel of interest rates has been opened. The Czech National Bank has raised interest rates seven times in August, November 2017, February, June, August, September and November 2018, and the two-week repo rate has increased to 1.75%. In December 2018, the Czech inflation rate remained at 2%, and the Czech National Bank temporarily kept guiding interest rates unchanged. However, as the economy continued to improve and consumption and investment were active, in May 2019, the Czech National Bank once again raised its two-week repo rate by 25% to 2%. It was the eighth time in 20 months that the Czech National Bank had raised interest rates.

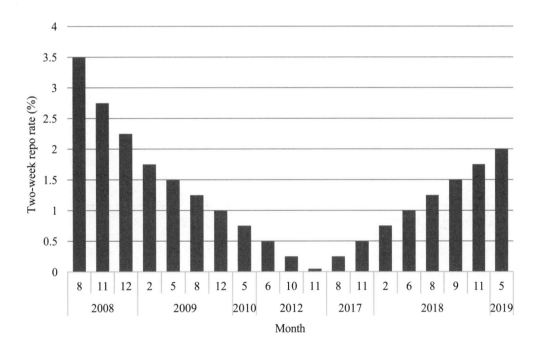

Figure 2-5   Changes in Two-Week Repo Interest Rates by the Czech National Bank
(**Source:** Czech National Bank)

24

Development Report on Zhejiang-Czech Economic and Trade
Cooperation under the Framework of the Belt and Road Initiative (2019)

II. Forecast of Czech Economic Development Trend

1. Overall Trend

The Czech economy will continue to grow in 2019, but the growth rate will further slow down. The latest forecast from the Czech Ministry of Finance in April 2019 once again lowered its outlook for GDP growth in 2019, from 2.5% predicted in January to 2.4%, and GDP growth in 2020 will remain at 2.4%, which will be the lowest GDP growth rate since 2014 (as shown in Table 2-1). Consumption is an essential driver of Czech economic growth, especially with the active support of household consumption—the extremely low unemployment rate and the sharp increase in pensions provide insurance for Czech household consumption. Government spending will also continue to grow, and investment will remain active, although to a lesser extent than that of 2018. In 2019, the contribution rate of Czech import and export trade to GDP may be negative.

Since the beginning of 2017, the growth of the consumer price index has been hovering at the floating ceiling of the Czech National Bank's 2% inflation target. The inflation rate in the Czech Republic is expected to remain about 2.3% in 2019 and is expected to fall to around 1.6% in 2020. The Czech unemployment rate is expected to remain at 2.2% in 2019 and 2020.

Table 2-1   Czech GDP Growth Forecast Adjustment (2017—2020)

Year and prediction	2017	2018	2019	2020	2018	2019
		Latest forecast			Previous prediction	
GDP growth rate (%)	4.3	2.9	2.4	2.4	2.8	2.5

(**Source:** Czech Ministry of Finance)

2. Favourable Factors

(1) High Stability of the Czech Economy

The *Euro Monitor*, released by Allianz Group, conducted an overall assessment of EU countries' fiscal sustainability, competitiveness, employment and productivity, and external debt. The results show that, given the low liability and active labour market conditions in the private and public sectors, the Czech Republic has an economic stability and health index of 7.8, ranking fourth in Europe, after Germany, the Netherlands and Slovenia, above the EU average (6.8).

(2) Sufficient Momentum of Investment Growth

According to the 2019 budget plan announced by the Czech Ministry of Finance, capital expenditures will further increase, which requires a 36% increase in investment allocation in the 2019 budget. In addition, Czech Prime Minister Babiš said that an 11-year national investment plan involving 17,000 projects with a total investment of CZK 3.45 trillion is currently in the final stage of planning. The plan, which includes infrastructure projects in multiple sectors, involves funds about twice the size of the Czech annual budget revenue, of which approximately CZK 2 trillion will be used for transportation infrastructure. More than half of the funds will be invested in national road construction, and most of the remainder will be used for road infrastructure. The current Czech government hopes to spend CZK 1.23 trillion by the end of its term in 2022. Thus, it's possible to foresee that the Czech government's public investment will continue to increase in the next few years.

(3) Promising Innovation + Digital Strategy

In 2018, the Czech Republic released *Digital Czech Republic v. 2.0—The Way to the Digital Economy* to update the state digital transformation policy. This document includes the promotion of the development of high-quality infrastructure, the further expansion of digital services and fostering digital literacy, committing to further develop modern ICT technology and services. In February 2019, the Council for Research, Development and Innovation (RVVI) of the Czech Government released Innovation Strategy of the Czech Republic 2019—2030: The Country for the Future, aiming to make the Czech Republic an innovation leader in Europe. The strategy has nine pillars, including research and development, digitalisation, intellectual property, smart investment and marketing, a tax deduction for research and development, support for "innovation chain" from basic research to final innovation and its return to scientific research, and overseas promotion of Czech technology. This development of digitalisation is consistent with the "Digital Czech" strategy. The release of the two strategies will bring greater momentum to the Czech industrial upgrade.

3. Unfavourable Factors

(1) Escalation in Trade Protectionism

Worldwide trade frictions have had a negative impact on Czech economic development. On the one hand, the US-European trade situation had an impact. In June 2018, Donald Trump threatened to impose tariffs on US imports of European Union-assembled cars, involving USD 53 billion worth of cars and auto parts exported from Europe to the United States. The original taxation window was May 18, 2019. As a supplier of many automobile exports in Europe, especially Germany, the Czech Republic will be directly affected by the decline in European exports to the United States. On the other hand, the Sino-US trade situation had an impact as well. The escalation of the US-China trade war will affect the global industrial chain. China and the United States are important trading partners of Europe, including the Czech Republic.

26

Development Report on Zhejiang-Czech Economic and Trade
Cooperation under the Framework of the Belt and Road Initiative (2019)

The cooperation between the companies of Czech and other sides in the upstream and downstream of the industrial chain is difficult to separate. As an export-oriented economy, Czech economic growth is more affected by the trade situation in the international market.

(2) Brexit Impact

Brexit will have a negative impact on the Czech economy. According to the Czech Ministry of Finance, if the UK adopts "no-deal Brexit", the Czech economic growth rate will decrease by 0.6–0.8 percentage points, and the GDP growth rate will fall below two percent in 2019. The impacts of Brexit on the Czech economy mainly include: First, direct impact. The Czech Republic is a typical export-oriented economy, and external demand has always been one of the important drivers of its economic growth. The UK has been in the top six major target countries for Czech exports since 2000. In 2018, the Czech Republic exported USD 9.458 billion to the UK. By further subdividing the structure of trade goods between the UK and the Czech Republic, it is found that Brexit will seriously affect the core sector of Czech exports. In 2018, vehicles and parts outside the railway or tramway were the Czech Republic's main commodities exported to the UK, with exports reaching USD 2.665 billion, accounting for 28.17% of the total UK exports during the same period. Nuclear reactors, boilers, machinery and mechanical appliances, electrical machinery and equipment and their parts ranked second and third, accounting for 24.04% and 19.24% of the total UK exports in 2018. It is known that the automobile and machinery industries are the primary industries of the Czech national economy. If the export of the industries mentioned above is blocked due to Brexit, it will have a substantial impact on Czech economic growth. Second, indirect impact. Affected by the Brexit incident, the uncertainty of economic development in Europe has increased. In EU countries, whether developed countries such as Germany and France or Central and Eastern European countries like Czech and Poland, the economic fluctuations of these countries continue to affect other neighbouring countries through the transmission mechanism. Therefore, the external environment that the Czech Republic faces includes not only the negative impact caused by reduced demand from the UK but also the impact of interaction among European countries. Moreover, if the UK implements "no-deal Brexit", the EU's budget revenue for 2014—2020 will be severely affected, increasing the amount of funds paid by member states to the EU. As far as the Czech Republic is concerned, the annual expenditures on the EU will increase to CZK 3 billion (approx. USD 140 million).

(3) Inflationary Pressure

Czech inflationary pressure still exists in 2019, and the central bank's monetary policy is still rigid. The main reasons are as follows: On the one hand, due to the current growth of energy prices such as natural gas and electricity, the price transmission mechanism will play a role, which will lead to an increase in the cost of a series of production links as well as commodity prices. The poor harvest caused by drought and low rainfall in the Czech Republic in 2018, means food prices will rise and further increase the inflation rate. In addition, as the labour shortage has been perplexing the Czech economic development, enterprises' digestive capacity of costs is limited, some of the costs will be passed on to consumers, and the price level will further increase.

(4) Domestic Labour Shortage

Currently, all countries in Central Europe face a certain degree of labour shortage, especially the lack of skilled workers. According to the statistics of the Czech Ministry of Labour and Social Affairs, there are now 500,000 foreigners working in the Czech Republic, of which 7000 are from Germany, 15,000 from the United Kingdom, Italy and Spain, and 12,500 from Slovakia. However, 80% of the foreigners, mainly from Ukraine, Romania and other countries, are unskilled workers who do not have the technical ability to operate. Therefore, the employment gap of skilled workers in various industries in the Czech Republic is still substantial. The latest data show that the Czech unemployment rate was only 2.2% in December 2018, decreased by 0.2% from the same period the former year. Among them, the unemployment rate of male employees is only 1.8%, and that of female employees is 2.6%. Wages of Czech workers continued to rise in 2018. The average monthly salary was CZK 32,147 (approx. USD 1479), with a year-on-year increase of 5%. The wage costs paid by enterprises increased by 9%. The labour shortage will continue for a certain period, restricting further economic growth.

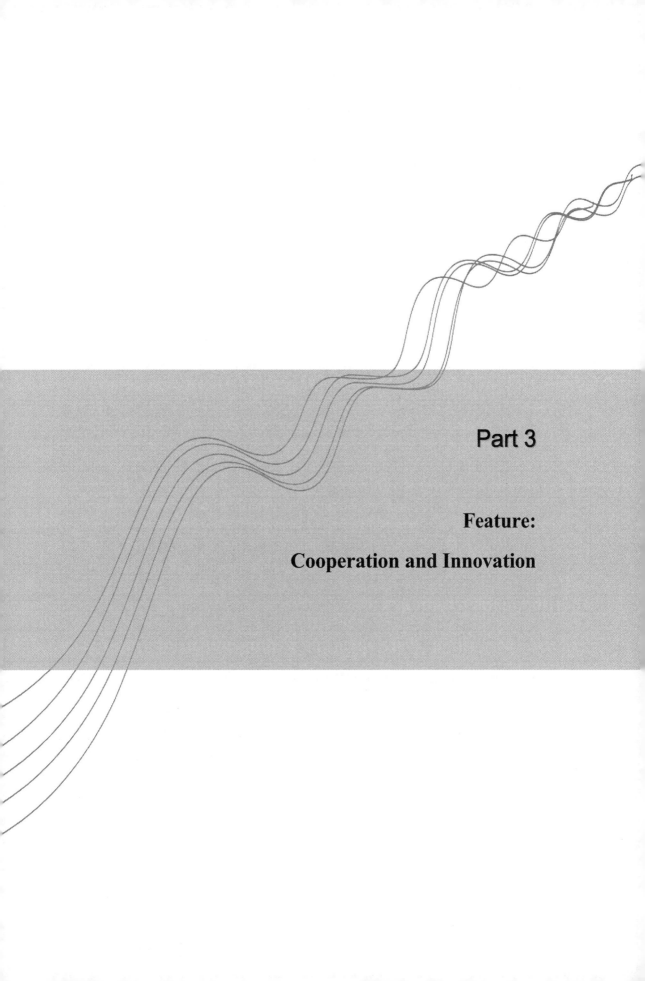

Part 3

Feature:

Cooperation and Innovation

Introduction

◆ The Analysis of Bilateral Economic and Trade Cooperation between China and the Czech Republic in the Past 70 Years

The establishment of diplomatic relations between China and the Czech Republic witnesses its 70th anniversary in 2019. In the past 70 years, the economic and trade cooperation between the two countries has played a positive role in promoting the development of bilateral relations. Since China's reform and opening-up, Sino-Czech economic and trade cooperation has deepened and can be divided into four stages, namely, 1978—1992, 1993—2000, 2001—2011 and 2012—present.

The scale of bilateral trade between China and the Czech Republic has been thrusted by the government and expanding market, and the commodity structure has been continuously optimised. While there are some problems at the present stage, the main characteristics of Sino-Czech bilateral trade are: The scale of trade is expanding; the trade imbalance is obvious; the trade commodities are highly concentrated; the industrial aggregation trend is obvious; the trade commodity structure is continuously optimised, and the dependence of the industrial chains is improved on both sides. In order to further promote the positive development of bilateral trade, China and the Czech Republic should deepen the comprehensive cooperation of key industries from the perspective of industrial chain; both countries should pay attention not only to bilateral manufacturing cooperation but also to industrial cooperation of manufacturing research and development, designing, technology, service and management; basic research, popularisation, mutual understanding and government service should be strengthened and enhanced.

◆ The Analysis of the Czech Republic's Innovation Strategy (2019—2030)

The Czech Republic's innovation strategy was developed by the Council for Research, Development and Innovation (RVVI), together with the Czech government office, Ministry of Industry and Trade, Ministry of Agriculture and other 11 governmental departments and associations, supported by the Czech Academy of Sciences, Czech Technical University, Czech-Moravian Guarantee and Development Bank, etc. It is a multi-party documental consensus jointly created by the Czech government, enterprises, universities and scientific research institutions.

The strategy is to build the Czech Republic into a leader of innovation in Europe by 2030. For this, the strategy has designed nine pillars, namely to build the Czech Republic as the Country for R&D, the Country for Technology, the Country for Start-ups, the Country for Digitalisation, the Country for Excellence, the Country for Investment, the Country for Patents, the Country for Smart Infrastructure and the Country for Smart People. They can be summarised into one goal, three strategic directions and eight strategic industries. The Czech government has established a supporting system consisting of three safeguard measures and two support systems to ensure the implementation of the innovation strategy.

32

Development Report on Zhejiang-Czech Economic and Trade
Cooperation under the Framework of the Belt and Road Initiative (2019)

Ⅰ. The Analysis of Bilateral Economic and Trade Cooperation over the Past 70 Years since the Establishment of Sino-Czech Diplomatic Relations

China established diplomatic relations with Czechoslovakia on October 6, 1949. In 1993 when the Czech Republic became an independent sovereign state, China established diplomatic relations with the new nation at the ambassadorial level. In 1994, China and the Czech Republic signed an exchange agreement, confirming that the treaties and agreements concluded between China and the Czechoslovakian Federation continued to be valid under this new circumstance. In March 2016, the heads of the two countries signed the Joint Statement of the People's Republic of China and the Czech Republic on Establishing Strategic Partnerships. 2019 marks the 70th anniversary of the establishment of diplomatic relations between the two countries. Over the past 70 years economic and trade cooperation has long served as the bond linking the two countries while played an indispensable role in promoting the development of bilateral relations.

1. Sino-Czech Bilateral Trade Development over History

The economic and trade cooperation between China and the Czech Republic has a long history of about 100 years, which could date back to the period of the Czechoslovak Republic. Before the 1920s, China traded with Czechoslovakia through third-party companies from British and Austria. In 1930, Nanjing National Government and Czechoslovakia formally signed bilateral trade agreements, marking the formal beginning of bilateral trade cooperation. Trade commodities were mainly military goods and production equipments. After the founding of the People's Republic of China, China and Czechoslovakia signed bilateral trade agreements and scientific and technological cooperation agreements successively. In the 1950s, China-Czech trade continued to grow with import and export trade remained a general balance. In the 1960s, the scale of bilateral trade increased dramatically, amounting to a level of eight times the volume of the 1950s. China became Czechoslovakia's third largest trading partner, second only to the Soviet Union and the German Democratic Republic. After the reform and opening-up, China-Czech economic and trade exchanges have gone through four stages of development along with the change of external policy environment. Overall, the bilateral trade has been expanded, the commodity structure has been optimised while the cooperation mode has been upgraded. From the original trade of merchandise, it has been upgraded to a comprehensive system which includes the integration of merchandise, technology and service trade.

The first stage was from 1978 to 1992. After China's reform and opening-up in 1978, the economic cooperation between China and Czechoslovakia gradually resumed, and a number of economic and technical cooperation agreements were signed successively. For example, Agreement on Economic and Technical Cooperation between the Government of the People's Republic of China and the Government of the Czechoslovak Socialist Republic (1984), Agreement on the Avoidance of Double Taxation and Tax Evasion Against Income (1987) and Agreement on the Basic Direction of Long Term Economic, Scientific and Technological Cooperation (1988). With the joint effort of both sides, the bilateral trade volume between China and Czechoslovakia rose from USD 228 million in 1978 to USD 964 million in 1988—it's an eminent increase. China's exports to Czechoslovakia have shifted from raw materials and food to consumer goods. In November 1989, China-Czech relationship was estranged due to political reasons. In 1991, the trade mode between the two sides changed from the original bookkeeping trade mode to the spot trade mode, and the volume of trade between the two sides declined sharply.

The second stage was from 1993 to 2000. The Czech Republic was founded on January 1, 1993. In February of the same year, the Agreement on Customs Affairs between China and Czech entered into force. In November of the same year, China and Czech mutually gave Most Favored Nation (MFN) treatment to each other, signing bilateral economic and trade agreements, which laid a good foundation for the development of bilateral economic and trade relations. At this stage, bilateral economic and trade cooperation witnessed a gradual increase day by day, and the scale of trade grew steadily, from 340 million US dollars in 1993 to 437 million US dollars in 2000 with an average annual growth of 3.65% (as shown in Figure 3-1). At this stage, due to different political views, the political relations between the two countries were at the low ebb for a long time. Although economic and trade cooperation was not interrupted, the overall scale of trade and investment was relatively small.

The third stage was from 2001 till 2011. In 2001, China joined the World Trade Organisation (WTO) and opened wider to the international community. In September 2003, the EU launched a new strategic document on its relations with China, *A Mature Partnership— Common Interests and Challenges between Europe and China*. In October of the same year, China first published its *Policy Document on China's Relations with the EU*. China's relations with the EU were formally upgraded to a "Comprehensive Strategic Partnership" in 2003. China-Czech economic and trade relations in this period were based on healthy development of Sino-EU cooperation. In April 2004, the Agreement on Economic Cooperation between the

Governments of the People's Republic of China and the Czech Republic was signed. In May of the same year, the Czech Republic became a member of the European Union. Against the background of the in-depth progress of China-EU comprehensive strategic partnership, China-Czech bilateral economic and trade relations made considerable progress, in which market played an increasingly vital role. As shown in Figure 3-2, the average annual growth rate of bilateral trade between 2001 and 2011 was 32.12%. From USD 616 million in 2001 to USD 9988 million in 2011, China's exports to the Czech Republic increased from USD 524 million in 2001 to USD 7670 million in 2011, with an average annual growth rate of 30.78%. China's imports from Czech increased from USD 92 million in 2001 to USD 2319 million in 2011 with an average annual growth of 38.09%. In 2008, affected by the global economic crisis, China's exports to the Czech Republic declined slightly, yet China's imports from Czech still showed a growing momentum despite the fluctuation of total import-export volume under the impact of the financial crisis.

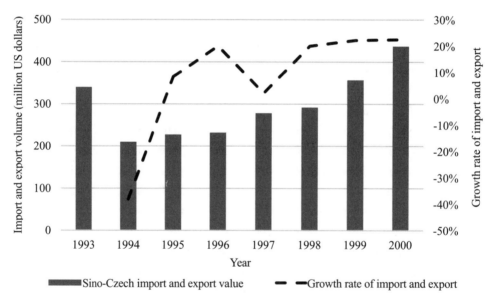

Figure 3-1 Trends in Bilateral Trade between China and the Czech Republic from 1993 to 2000
(**Source:** *China Commerce Yearbook*)

The fourth stage was from 2012 till nowadays with an emphasis on new bilateral trade cooperation era under the framework of "16+1" programme and the Belt and Road initiative. In 2012, in Warsaw, Poland, the first meeting between leaders of China and Central and Eastern Europe was held, and the "16+1" programme was officially launched. In 2013, China put forward the Belt and Road initiative. In 2019, Greece officially became the 17th European member state to be involved in China's cooperation mechanism with Central and Eastern

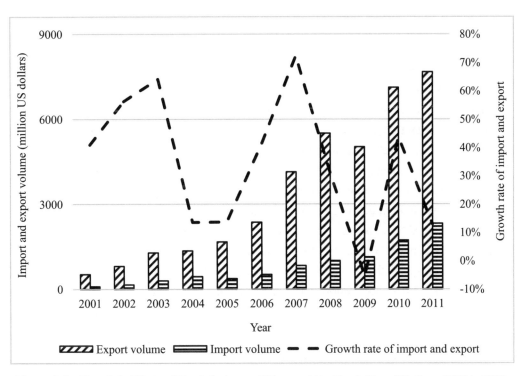

Figure 3-2   Trends in Bilateral Trade between China and the Czech Republic from 2001 to 2011
(**Source:** *China Commerce Yearbook*)

European countries, thus expanding the "16+1 cooperation" into "17+1 cooperation". In 2012, the Czech government listed China as a key new market in the 2012−2020 Export Strategy. In November 2015, China and the Czech Republic signed a cooperation document and announced that both sides would work together to build the Belt and Road. From 2012 to 2018, China-Czech trade volume increased from USD 8.730 billion to USD 16.309 billion. In 2018, China's exports to the Czech Republic amounted to USD 11.910 billion, a 35.45% year-on-year increase; the Czech's imports from China reached USD 4.399 billion, a 19.03% increase year-on-year. Currently, China has become the third largest trading partner of the Czech Republic, and the Czech Republic has become the second largest trading partner of China in Central and Eastern Europe. As of 2018, the total trade volume between China and the Czech Republic has exceeded USD 10 billion for five consecutive years. At this stage, China and the Czech Republic have further coordinated their development strategies with both government and market playing a synthetic role to deepen the Sino-Czech economic and trade cooperation.

2. The Characteristic Facts of China-Czech Bilateral Trade

After four stages of development, China-Czech bilateral trade shows a trend of trade scale expansion, commodity structure optimisation, industrial coordination and complementarity improvement. However, there are also problems such as imbalances in import and export, highly concentrated commodity structure, and new cooperation momentum and growth points to be tapped.

(1) Rapid Trade Expansion and Noticeable Trade Deficit

In recent years, with the rapid growth of bilateral trade volume between China and the Czech Republic, the Czech trade deficit with China continues to expand, becoming the biggest challenge in the development of bilateral trade. According to the data of the National Bureau of Statistics of China, Czech trade deficit with China first appeared in 1978 and appeared again in 1995. It has been growing ever since. In 2002, China became the third largest trade deficit country of the Czech Republic. In 2018, Czech trade deficit with China reached USD 7.511 billion (as shown in Figure 3-3). Due to the influence of several factors, including the re-export trade, statistical calibers, the trade transfer effect formed by the EU unified customs zone, the statistical gap between China and the Czech Republic on the scale of trade is obvious. According to data from the Czech Statistical Office, the Czech trade deficit with China in 2018 was as high as USD 23.465 billion. This gap has further increased the concerns of both sides on the trade deficit.

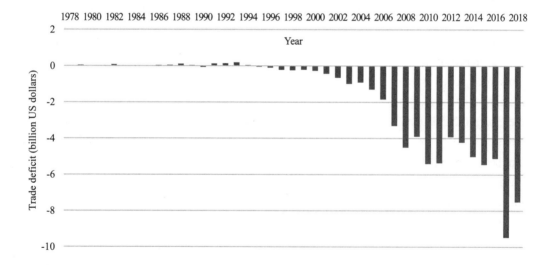

Figure 3-3   Sino-Czech Bilateral Trade Balance from 1978 to 2018
(**Source:** National Bureau of Statistics of China)

There are several reasons for Czech's growing trade deficit with China:

1) The reform dividend released by opening-up of China highlights the comparative advantage of "Made in China", and the scale of imports and exports of China and its major trading partners in the world shows a rapid growth trend. Since 1978, China's rapid development has been promoted by the favourable policy environment, abundant labour supply,

a vast number of enterprising entrepreneurs and a comprehensive industrial system. China's products are competitive in global trade and are favoured by consumers all over the world. The same is true in the Czech Republic. Bilateral trade is growing rapidly. Compared with import, export growth is stronger, reflecting Czech's growing trade deficit with China.

2) Global value chain restructures multilateral economic cooperation model, intra-industry trade prevails, and there is a deficit transfer among China, the Czech Republic and Germany. According to the structure of export commodities of China and the Czech Republic, the Czech Republic and Germany, the four chapters of HS Code, that is, Chapter 84, Chapter 85, Chapter 87 and Chapter 90, are the common key export areas of the three countries. Mechanical and electrical products, transportation equipment, optical equipment, medical equipment, electronic and electrical industries are exported to the Czech Republic after processing in China and further processing and assembling are introduced into the European market. In such inter-industry trade, the analysis of imports and exports between the two countries will split the path of value chain creation formed by many countries, and the analysis will be biased from the perspective of bilateral trade alone. In fact, the trade characteristics of intra-industry trade have rendered Czech Republic a more prominent role in the trade between China and Europe. The obvious location advantages, strong manufacturing advantages and relative technological advantages have made the Czech Republic an important transit hub for Chinese products to enter the European market.

3) The commodity structure of China-Czech bilateral trade is too concentrated. Czech consumer goods are facing a fierce rivalry of global consumer goods when entering the Chinese market. Consequently, it is necessary for Czech consumer goods to cultivate market recognition and product competitiveness, especially the increasing of competitiveness, which is the key to reduce the Czech trade deficit with China. In the face of global competition of similar products, Chinese consumers still lack a comprehensive understanding of the Czech products. In addition, service industry is also the key area for future development of China and the Czech Republic, such as communication and information technology services, innovative industries, finance, consulting, scientific and technological research and development as well as tourism.

The problem of trade deficit between China and the Czech Republic is a common phenomenon in bilateral trade between China and the Central and Eastern European countries and it also reflects the structural problems in the trade between China and the Central and Eastern European countries. It requires patient and meticulous efforts of all parties to identify the meeting point of interests of both sides and constantly tap new cooperation momentum and growth points. In recent years, the Chinese government has also made great progress in related fields. In March 2016, the National Development Bank of China and the Czech Export Bank signed an agreement on financial cooperation and development. In July 2017, the Central European train from Yiwu in Zhejiang Province to Prague was officially opened; in September of the same year, the Central European train from Chengdu to Prague was officially opened. In

November 2018, China hosted the first China International Import Exposition in Shanghai. President Zeman led a delegation of more than 200 people from more than 80 enterprises to attend the conference, displaying Czech products such as automobiles, beer, crystals, wood products, foods and toys. These measures would increase the chances for Czech high-quality and characteristic products to be exported directly to China while reducing the Sino-Czech trade imbalance.

(2) High Concentration of Trade Commodities, and Obvious Trend of Industrial Agglomerations

For a long time, bilateral goods trade between China and the Czech Republic has mainly focused on mechanical and electrical products, transport equipment, optical equipment, medical equipment, toys, games and sports goods, and the trade volume of mechanical and electrical products and transport equipment has exceeded 50% of the total trade volume, which shows an undeniable trend of industrial agglomeration. Specifically, Czech exports to China in 1999 were mainly mechanical and electrical products (Customs Commodity Classification 16, Chapters 84-85), transport equipment (Customs Commodity Classification 16, Chapter 87), and chemical industry-related products (Customs Commodity Classification 6, Chapter 29), accounting for 44.60%, 37.14% and 7.31% of total exports respectively (as shown in Table 3-1). Apart from that, exports of chemical industrial products declined while exports of optical and medical equipment, base metals, plastics and steel products increased. According to the data of 2010 and 2018, mechanical and electrical products have become the first and second categories of Czech exports to China, accounting for about 60% of Czech exports to China. Optics, medical equipment and precision instruments have become the third category of exports, and their share has also increased from 4.95% in 2010 to 8.90% in 2018.

In terms of imports (as shown in Table 3-2), the main commodities the Czech Republic imports from China are also mechanical and electrical products, accounting for an high percentage in the long run, a much higher proportion compared with Czech's exports to China. For a long time, the import and export trade between China and the Czech Republic manifested remarkable characteristics of intra-industry trade, that is, the two sides have active industrial chain cooperation in electrical equipment and spare parts, machinery, mechanical equipment and spare parts industries, respectively exporting and importing a large number of products and spare parts to and from both sides.

Table 3-1 Czech's Main Exports to China

(Unit: million USD)

1999			2010			2018		
Items	Export volumes	Proportion	Items	Export volumes	Proportion	Items	Export volumes	Proportion
Chapter 84	23.674	40.51%	Chapter 84	365.277	30.05%	Chapter 84	784.246	30.35%
Chapter 87	21.700	37.14%	Chapter 85	267.275	21.99%	Chapter 85	599.321	23.19%
Chapter 29	4.274	7.31%	Chapter 87	101.233	8.33%	Chapter 90	230.010	8.90%
Chapter 85	2.392	4.09%	Chapter 74	66.851	5.50%	Chapter 47	156.558	6.06%
Chapter 70	1.043	1.78%	Chapter 90	60.153	4.95%	Chapter 87	148.963	5.76%

Notes: According to International Convention on the Harmonized Commodity Description and Coding System, Chapter 29 refers to "Organic chemicals"; Chapter 47 refers to "Pulp of wood or of other fibrous cellulosic materials"; Chapter 70 refers to "Glass and glassware"; Chapter 74 refers to "Copper and articles of copper"; Chapter 84 refers to "Nuclear reactors, boilers, machinery, mechanical appliances and parts thereof"; Chapter 85 refers to "Electrical machinery and equipment and parts thereof, sound recorders and producers, television image and sound recording and playback equipment and parts and accessories thereof"; Chapter 87 refers to "Vehicles and their parts and accessories except railway or tramway vehicles"; Chapter 90 refers to "Optical, photographic, film, metrology, inspection, medical or surgical instruments and equipment, precision instruments and equipment, and parts and accessories of the above".

(**Source:** The Czech Statistical Office)

Table 3-2 Czech's Main Imports to China

(Unit: million USD)

1999			2010			2017		
Items	Import volumes	Proportion	Items	Import volumes	Proportion	Items	Import volumes	Proportion
Chapter 85	109.511	19.44%	Chapter 85	6296.474	40.48%	Chapter 85	12,618.580	48.44%
Chapter 84	73.741	13.09%	Chapter 84	5798.137	37.28%	Chapter 84	7516.493	28.86%
Chapter 95	40.609	7.21%	Chapter 62	360.609	2.32%	Chapter 95	589.563	2.26%
Chapter 64	34.696	6.16%	Chapter 95	315.534	2.03%	Chapter 62	454.828	1.75%
Chapter 62	31.448	5.58%	Chapter 64	289.750	1.86%	Chapter 87	424.962	1.63%

Notes: According to International Convention on the Harmonized Commodity Description and Coding System, Chapter 61 refers to "Apparel and clothing accessories, knitted or crocheted"; Chapter 62 refers to "Apparel and clothing accessories, not knitted or crocheted"; Chapter 64 refers to "Footwear, gaiters and the like, parts of such articles"; Chapter 95 refers to "Toys, games, and sports requisites, parts and accessories of such articles".

(**Source:** The Czech Statistical Office)

(3) Optimalisation of the Trade Commodities, and Reinforcement of Industrial Chains Dependence

At present, the basic operating law of the world economy has changed. Trade has changed from inter-industry trade to intra-industry trade, even to intra-product trade. It is difficult to define the territoriality of trade commodities. The structure of trade commodities between countries often reflects the bilateral industrial cooperation and economic dependence. The BEC (Broad Economic Classification) standard of the United Nations can help us measure the proportion of different types of commodities among trade entities and examine the degree of dependence among trade entities of industrial chains, and ultimately analyse the complementarity and trade potential among trade entities.

Figure 3-4 compares the China-Czech bilateral trade commodity structure (including capital goods, intermediate products, consumer goods and other products) in 1999, 2010 and 2017. Commodity structure of the Czech imports from China continued to be optimised,

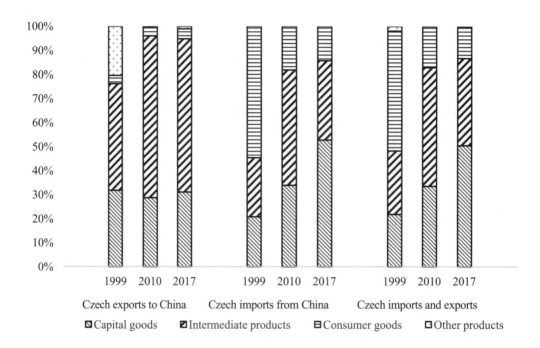

Figure 3-4　Comparison of China-Czech Trade Commodity Structure Changes
(**Source:** The Czech Statistical Office)

the proportion of consumer goods declined significantly while the proportion of intermediate goods and capital goods increased. In 1999, consumer goods were the main imports from China, accounting for 54.59% of the total imports, while intermediate goods and capital goods accounted for 24.54% and 20.86% respectively. In addition, the proportion of intermediate goods and capital goods in Czech imports from China rose rapidly. By 2017, the proportions of imports of the two types of goods were 32.95% and 52.81%. It is noteworthy that imports of capital goods increased significantly from USD 5.231 billion in 2010 to USD 10.714 billion in 2017, with an average annual growth rate of 10.79%, making them the main imports of Czech goods from China. To some extent, this indicates that the degree of coordination and technological matching between China and Czech industries increased in the process of industrial restructuring.

3. Countermeasures and Suggestions for promoting the Sino-Czech Bilateral Economic and Trade Cooperation

Both China and the Czech Republic have strong industrial base, highly matched dominant industries which are jointly integrated into the industrial chain of China and Europe, active intra-industry trade and reinforced industrial dependence. Therefore, promoting cooperation through trade and promoting bilateral trade development and industrial cooperation are conducive not only to the transformation and upgrading of China's open economy, but also to the development of Czech export-oriented economy, to achieve broader cooperation, mutual benefit and win-win situation.

(1) Promote Deep and Comprehensive Cooperation among Key Industries from the Perspective of Industrial Chain, Facilitate Industrial Linkage and Achieve Win-Win Cooperation

Under the background of globalised economy, industrial integration and penetration have become the mainstream form of inter-industry relations worldwide. It is no longer in accordance with the current rules of industrial operation to analyse the pattern of interests among industries solely from the perspective of the traditional industrial classification. The influence among industries is intertwined, reciprocating and intricate. Both China and the Czech Republic are important participants in the EU-China industrial chain with mechanical and electrical products, transportation, optics, and medical equipment as the key areas of bilateral trade cooperation. Therefore, the industrial cooperation between China and the Czech Republic needs to be based on the perspective of industrial chain. Both sides shall judge the industrial chain layout of above-mentioned industries in the global scope from a global perspective, and with the industrial needs and development needs of both China and the Czech Republic be taken into consideration, construct a cooperation mode and pursue a promotion path that meets the long-term interests of both sides and provides the possibility of sustainable development.

(2) Guide China-Czech Industrial Cooperation from the Perspective of the Whole Industrial Chain, and Attach Importance Not Only to Bilateral Manufacturing Cooperation, But Also to Industrial Cooperation of Research and Development, Designing, Technology, Services and Management

China needs to further explore how the existing key areas of industrial cooperation between China and the Czech Republic can be developed into advantageous areas. These areas are supposed to meet the interests and needs of both partners; be of considerable economic scale, large market influence, sustainable development capacity and long-term potential for growth. China-Czech industrial cooperation in traditional production and manufacturing links is only in its primary stage. To achieve this goal, it is necessary to guide China-Czech industrial cooperation from the perspective of the whole industrial chain. In order to extend the upstream of the industrial chain, continuous efforts should be made in strengthening and promoting research and development, designing and technical cooperation in key industries to deepen the integration of China-Czech manufacturing industry; to extend the downstream of the industrial chain, constant efforts should be made to strengthen and promote China-Czech service and management cooperation in key industries while expanding manufacturing cooperation to manufacturing and productive service industries. With comprehensive cooperation and expanded industry support of Sino-Czech cooperation, win-win cooperation is sure to be promoted.

(3) Strengthen Basic Research, Popularisation, and Enhance Bilateral Understanding and Government Service Functions

The important information captured by an enterprise demand survey is that the enterprises of China and the Czech Republic, especially small- and medium-sized enterprises, lack understanding of each other's market and the benefits of Sino-Czech cooperation. Therefore, it is urgent to strengthen the research on the industries, culture, policies and laws of the two countries at the present stage; efforts should be made to strengthen the publicity and promotion for small- and medium-sized enterprises. The deepening understanding and recognition of each other's market, industries, policies, laws and regulations, culture and so on will help to eliminate the concerns of enterprises and stimulate needs and forces for enterprise cooperation. The key is to strengthen the work of platform construction, project docking, information consultation and data statistics to provide basic services for industrial cooperation, and to promote the deepening cooperation, comprehensive cooperation and the whole industrial chain cooperation of Sino-Czech industries.

II. Analysis of the Czech Republic's Innovation Strategy (2019—2030)

Innovation and development is one of the ruling priorities of the current Babiš government of the Czech Republic. Since the new government officially took office in July 2018, efforts have been made to formulate a Czech innovation strategy. On February 18, 2019, the Czech Republic's Innovation Strategy of the Czech Republic 2019—2030: The Country for the Future was officially released. This document plans for the development and innovation path for the Czech Republic in the next 12 years, and endeavours to make the Czech Republic an innovation leader of Europe by 2030.

1. Background of Formulation

The Innovation Strategy of the Czech Republic is formulated by the Council for Research, Development and Innovation (RVVI), chaired by the Prime Minister Babiš himself. Karel Havlíček, Vice-Chairman of RVVI, is responsible for developing the innovation strategy. It involves the participation of 11 governmental departments and associations, including the Czech Government Office, Ministry of Industry and Trade, Ministry of Agriculture, Ministry of Transport, Ministry of Education, Ministry of Environment, CzechInvest, Industrial Property Office, Confederation of Industry, Chamber of Commerce and the Association of Small- and Medium-sized Enterprises and Crafts, and the support of the Czech Academy of Sciences, Czech Technical University, Palacký University, Czech-Moravian Guarantee and Development Bank, Czech-Israeli Mutual Chamber of Commerce, and Czech Nanotechnology Industries Association. The strategy is a multi-party consensus document made by the Czech government, enterprises, universities, scientific research institutions, which has drawn much attention from the international community as soon as it was released.

Havlíček, the main person in charge of the innovation strategy, is the Czech Deputy Prime Minister and Minister of Industry and Trade, an entrepreneur and economist. He has won the trust of Babiš and is one of the new political elite in the Czech Republic. He also serves as Vice-Chairman of RVVI and the President of the Czech Association of Small- and Medium-sized Enterprises and Crafts. He has visited China many times and has been studying Chinese for more than ten years. He knows quite a lot about Chinese trade and is well experienced in doing business with the Chinese.

On February 4, 2019, the Czech government approved the Innovation Strategy of the Czech Republic 2019—2030: The Country for the Future. On February 18, the document was officially released. On February 19 and March 6, Babiš visited Israel and the United States to promote the strategy and the technological innovation cooperation with them. During his visit to the United States, Babiš and his party also met with various innovation entities in the United States, such as the National Science Foundation, American Chamber of Commerce, Cisco, IBM, General Motors, Microsoft, Google, Honeywell, Rockwell, Merck, AT&T and other institutions and business leaders. In addition, during the visit to Singapore on January 19, Babiš also expressed his willingness to strengthen bilateral innovation cooperation with Singapore and invited Singaporean scientists to participate in the works of the Czech International Committee for Science and Research. Only 100 days later, Babiš officially appointed Professor Kian Lee Tan of the National University of Singapore School of Computing as a member of the Czech International Committee for Science and Research. Babiš claimed that this was his concrete fruit of his visit to Singapore. The Singapore government's rapid response also reflected the international community's attention paid to the Czech innovation strategy.

2. Main Development Goals

Innovation Strategy of the Czech Republic 2019—2030: The Country for the Future aims to build the Czech Republic into one of Europe's innovation leaders by 2030. Therefore, it has designed nine strategic pillars, namely, the Country for R&D, the Country for Technology, the Country for Start-ups, the Country for Digitalisation, the Country for Excellence, the Country for Investment, the Country for Patents, the Country for Smart Infrastructure and the Country for Smart People. The strategy analyses the current situation, construction goals and available tools in each pillar. Through examining the strategic content, one can summarise it into one goal, three strategic directions and eight strategic industries.

(1) Overall Goal

The strategy adopts the innovation evaluation system based on the Methodology 2017+, and constructs a complete innovation chain from basic theory research, applied research, experimental development, industrial application to commercialisation for the development of Czech scientific and technological innovation. The strategy is designed to build the Czech Republic into an innovation leader of Europe and a "Country for the Future" by 2030.

(2) Three Strategic Directions

① The Country for Start-ups

At present, although the Czech Republic has partial support for start-up projects, the overall incentive funding is insufficient and the state lacks an overall support programme. Start-ups are generally considered to be risky in academic institutions like universities, and they lack the enthusiasm to adopt academic outputs. In order to change the situation, the Czech government will provide clear supporting elements for the establishment and development of start-up and spin-off enterprises, including:

1) Create specific supporting elements for the establishment of start-ups and spin-offs at the national level and link these elements with regional and international support.

2) Create a comprehensive funding programme with national support for the start-up segment.

3) Create a start-ups map to link them up with investors and support providers.

4) Ensure the exchange of information and best practise among start-ups at the national level.

5) Create an environment of interest for foreign start-ups and technology teams for the long-term development of their activities in the Czech Republic.

6) Prepare a Czech Technology Agency targeted programme for start-ups and spin-offs.

7) Introduce training for entrepreneurship as part of teaching at all levels of education.

8) Introduce monitoring and benchmarking of incubators, hubs and accelerators.

To achieve these goals, the tools for implementing the strategy are as follows:

1) Create a National Start-up Support Agency within CzechInvest.

2) Create Czech-Moravian Guarantee and Development Bank programmes for financing start-ups, involving small- and medium-sized businesses in setting up their own start-ups.

3) Set up commercialisation institutions at universities and public research institutions.

4) Collaborate with commercial corporations and possible private investors to develop start-ups.

5) Create tools for targeted support of research development and innovation within the Czech

Technology Agency for start-ups and spin-offs, including an evaluation system.

6) Create a 2020+ operational programme to encourage start-ups and spin-offs.

7) Provide targeted support from universities for entrepreneurship through setting up start-ups and spin-offs.

8) Support a regional system to promote innovative start-ups and spin-offs.

9) Expand the use of the instruments of the European Investment Fund (EIF).

10) Create investment schemes in line with international models (Israel, Finland).

② The Country for Digitalisation

As a highly industrialised country, the Czech Republic believes that Industry 4.0 will have a profound impact on the Czech Republic and will eventually determine its position in the future world. Therefore, the Czech government attaches great importance to the digital construction and believes that the current Czech digital implementation system still lacks order. The strategy will focus on promoting the digital transformation of government services, manufacturing industry and service industry.

1) Build a digital government. The project, coordinated by RVVI and with the participation of various ministries, carries out the transformation of network connection nodes to promote data interconnection. The key indicator is to achieve a declaration of main data of enterprises and citizens and avoid repeated submission. Various ministries will provide online services, and Czech citizens can communicate with the government online in the future. In addition, the strategy emphasises Czech's participation and voice in the EU Digital Agenda and promotes the Czech Republic to become an active member in the digital single market, negotiating strategic digitalisation issues with organisations such as the European Commission on existing platforms.

2) Promote the digital transformation of manufacturing industry and service industry. The Czech Republic highly values the development of Industry 4.0 and the IoT (Internet of Things) industry. It will integrate the Industry 4.0 with the Digital Czech Republic programme to establish a European Centre of Excellence for AI. It will support for technological solutions and innovations in automation, robotics and AI in the calls of national RD&I programmes. It will formulate measurable levels of Industry 4.0 implementation and encourage the application of transformative innovation technology. It is hoped that the whole society will prepare for trends such as IoT, AI, Big Data, new types of human-machine interface and create targeted digital literacy training for small firms in the form of the Year of Digital Business. At the same time, it is emphasised that the intelligent cybernetic systems of industrial enterprises, cities, airports and power stations should be able to deal with the most serious risks. The Czech Republic attaches great importance to the digital transformation in the energy sector, working hard to build smart grids, as well as smart cities and regions.

③ The Country for Smart Infrastructure

The Country for Smart Infrastructure focuses on building smart transport, including four aspects of construction:

1) Complete the main transport infrastructure network. The Czech Republic will speed up the formulation of the act on accelerated construction of transport infrastructure (the "Line Act"), and

amend the Road Traffic Act, etc. It will make full use of European Structural and Investment Funds, Connecting Europe Facility Funds, and National Transportation Infrastructure Fund to speed up the construction of the national transport infrastructure.

2) Improve the efficiency of administration in relevant fields. It will simplify and accelerate the administrative processes for construction proceedings and procedures related to digitalisation. It will ensure a permitting process within construction proceedings with the deadline of a maximum of one year as well as strengthen the coordination between the nation and the local provinces and states.

3) Build a smart management network for traffic information. At the state and regional level, the data will be incorporated into the National Transport Information Centre (NTIC) for further control and management of traffic. The Czech Republic will set up demonstration and testing pilot projects for smart transport solutions, build telematics networks for transportation, and create a targeted support for smart city construction, including the issue of city logistics.

4) Build a smart passenger and freight transport service system. Provide widespread, affordable, reliable and smart passenger and freight transport services. Promote the integration of public passenger transport, facilitate the multimodal transport and support the establishment of logistics centres. In addition, the Czech economy relies so heavily on the automobile industry that the country attaches great importance to the technical research and development of autonomous vehicle systems. When Babiš visited Israel, he specially introduced Czech autonomous driving technology. Therefore, the Czech Republic will gradually introduce action plans of intelligent transport systems development, the future of the Czech automotive industry, clean mobility (building of recharging stations for electric cars, etc.), autonomous transportation development and autonomous driving in sectors of smart transportation, autonomous car, and new energy transport, promoting the construction of the Country for Smart Infrastructure through project guidance and legislative guarantee.

3. Eight Strategic Industries

The Innovation Strategy of the Czech Republic intends to build it into the Country for R&D, the Country for Technology and the Country for Excellence. By setting up a number of excellence centres in key strategic fields, the Czech Republic will increase the intensity of R&D innovation and promote the transformation of research results in order to turn these excellence centres into a global business card for the Czech Republic. In accordance with the Innovation Strategy issued by the Czech government, the excellence centre will focus on eight strategic areas: AI, space technology, laser technology, nanotechnology, biotechnology, energy-saving solutions, chemistry and chemical technology, clinical medicine and biomedicine. The Czech Republic will implement a supportive strategy to provide long-term support for product conceptual development conducted by research institutions in key areas. It will also implement a supportive strategy for the construction of large research infrastructure and promote long-term strategic cooperation between the public research and the industrial sphere. It will introduce major European programmes for the development of excellence centres and the EU Horizon 2020 for building research clusters. The Czech Republic will set up National Centres on Competence Research to provide solutions to the commercialisation of technological innovation, public funding support and strong protection for intellectual property.

The Czech government will increase investment incentives and policy support in the above strategic areas, including:

1) Change investment incentive policies, support high value-added investment, and promote cooperation between enterprises and research institutions.

2) Focus in particular on support for investment in key areas, in line with the Smart Specialisation Strategy, the National Space Plan, the AI Support Strategy, etc.

3) Create a system of technological foresight (horizon scanning).

4) Further focus on the procurement of innovative technologies—within the framework of the Public Procurement Act.

5) Fund product conceptual development and the construction of large research infrastructure in the long term.

6) Set up National Centres on Competence Research to provide funding tools and support long-term strategic cooperation between the public research institutions and enterprises.

7) Use public funds to support solutions to the commercialisation of research results through IP protection.

8) Encourage the participation of research institutions to realise the integration of National Centres on Competence Research and OP DRI Centres and Czech industry clusters.

3. The Supporting System

In order to ensure the implementation effect of the innovation development strategy, the Czech government has established a supporting system composed of three guarantee measures and two supporting systems.

(1) Three Guarantee Measures

The Czech government has provided three guarantee measures, namely, a funding guarantee, a more scientific evaluation system and more comprehensive incentives policies to ensure the implementation of the Innovation Strategy.

① Funding Guarantee

The Czech Republic will increase investment in research and development, and plans to increase the proportion of R&D investment in GDP to 2.5% by 2025 and to 3% by 2030. On March 29, 2019, the Czech government passed the RVVI Budget Plan, and the budget for 2019—2022 will increase steadily, with CZK 35.9 billion, CZK 37 billion, CZK 37.5 billion and CZK 38.2 billion, respectively. Compared to the 2015 budget of CZK 27 billion, the increase has exceeded 40%.

② Evaluation System Guarantee

During Babiš's visit to the United States, he introduced the Czech Republic's latest

48

Development Report on Zhejiang-Czech Economic and Trade
Cooperation under the Framework of the Belt and Road Initiative (2019)

innovation evaluation system based on the Methodology 2017+ to the US government, research institutions, and innovation businesses. The new evaluation method focuses on strengthening evaluation guidance, protecting intellectual property rights and encouraging endogenous innovation.

③ Policy Guarantee

The Czech Republic focuses on three aspects of regulations and policies to ensure research, development and innovation:

1) Specify science and technology policies—The Czech Republic has issued National Research, Development and Innovation Policy of the Czech Republic, 2021+ and National Research and Innovation Strategy for Smart Specialisation of the Czech Republic (referred to as RIS3) and other policies to jointly encourage the Czech government, enterprises, research institutions and other entities to carry out scientific and technological innovation.

2) Tax deductions for research, development and innovation—The Czech Republic will amend or create regulations to reduce tax for research, development and innovation, and at the same time amend Investment Incentives Act to introduce more favourable national incentives.

3) Strengthen intellectual property protection—In order to build the Country for Patents, the Czech Republic first needs to raise the awareness of intellectual property protection in society. The Czech Republic requires the provision of intellectual property-related lectures and training for all levels of education. Meanwhile, it is necessary to raise the awareness of intellectual property protection in manufacturing industry and application areas. The provisions of intellectual property protection will be added in the relevant EU and Czech management documents regarding patents commercialisation, research and development, and innovation planning.

(2) Two Supporting Systems

In order to consolidate the talent base of the Innovation Strategy and create a good external environment, the Czech Republic is concentrating on building two supporting systems: On one hand, change the polytechnic education system to lay foundation for innovation and development; on the other hand, establish the overseas promotion system to seek external effects for innovation and development.

①Change the Polytechnic Education System

The Czech government will strengthen the polytechnic education and further improve the polytechnic education system. It emphasises nine reform priorities: creativity, research approaches, technical imagination, logical and critical thinking, problem solving, information evaluation, project-based teaching based on the knowledge of natural sciences and mathematics.

The specific focus of the Czech government's polytechnic education reform is on the reform of the Framework Educational Programmes (FEPs), which will deepen reforms in elementary education, vocational education, higher education, lifelong learning and skill training. During elementary education, at the level of the FEPs, the Czech Republic will add a

"People and Technology" education module with the aim of promoting a compulsory subject "Technology" at secondary schools, in line with the existing background study on revisions to the FEP; at elementary school level, a technology curriculum will be included into a relatively separate educational area and at the same time technical skills education in all relevant subjects will be fully carried out. In secondary vocational education, the Czech Republic will innovate and consolidate a coherent national system with dual education elements, supervised by the government with the involvement of the regions and employers. At the university education level, the government has introduced incentives to support for study programmes focusing on advanced technologies and involve top talents in collaboration with domestic universities in all areas. Meanwhile, the government will promote lifelong learning and skill training to prepare talents for enterprises for the use of groundbreaking technology.

② Establish detailed overseas promotion system

To build the image of the Czech Republic as a confident innovation leader, the Innovation Strategy aims to promote the Czech Republic as a country with scientific potential, advanced industry and research results in numerous fields, with educated, ingenious Czech people of great inventiveness. It focuses on promoting its current innovation ecosystem and Innovation Strategy, with four key aspects: excellence of Czech research centres, unique products of Czech companies, cutting-edge technology in high-tech fields and successful innovative individuals.

In order to effectively promote the national image of the Czech Republic as a confident and innovation leader, the Czech government has formulated specific measures in the Innovation Strategy:

1) Develop an overseas marketing team that will systematically introduce new innovative elements of the Czech Republic across ministries, research organisations and businesses.

2) Create a publicity guide for the "The Czech Republic: The Country for the Future" strategy and introduce its elements into key national and international documents and activities including integration into the online communication tools of the relevant professional public institutions, embassies, foreign representations of the Czech Republic and the Czech Centres.

3) Combine a variety of publicity tools, especially with new promotional technology such as social media, to promote the concept of "Czech Republic—Innovation Leader of Europe 2030".

4) Constantly publicise scientific and commercial successes of artificial intelligence, energy, efficient systems, laser technology and nanotechnology, as well as successful cases of research teams and their leaders.

5) The Czech Prime Minister, ministers, ambassadors and foreign representatives should actively promote the image of the Czech Republic as a technological leader at the international level.

6) Organise foreign delegations to visit, attract foreign experts and scientists who are influential in the research policies of their countries in order to engage them in our national

research development and innovation and present to them the best of Czech research and innovation.

7) Systematically promote research opportunities in the Czech Republic in multiple language versions. Set up a Welcome Office for foreign scientists.

8) Organise Czech experts with relevant research areas to visit the countries with cooperation potentials.

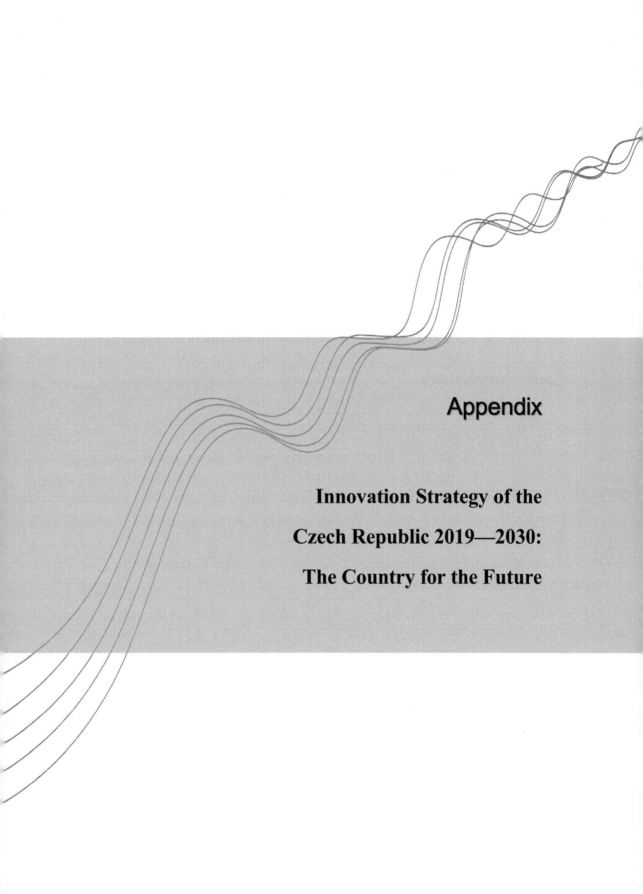

Appendix

Innovation Strategy of the

Czech Republic 2019—2030:

The Country for the Future

52

Development Report on Zhejiang-Czech Economic and Trade
Cooperation under the Framework of the Belt and Road Initiative (2019)

This Appendix is from the publicly released document Innovation Strategy of the Czech Republic 2019—2030 by the Council for Research, Development and Innovation (RVVI) of the Czech Government.

The Country for Research and Development:

Financing and Evaluation of Research and Development

Institution(s) responsible: Council for Research, Development and Innovation (RVVI, Czech: Rada pro výzkum, vývoj a inovace)

Managerial personnel responsible: Member of the RVVI Board

Current situation:

The share of total research and development and innovation expenditure in the Czech Republic is 1.79% of GDP, of which 60% are company resources, 40% are government and European resources. At this time, a change about the evaluation system for research organisations is underway to shift from the existing quantitative system to quality and impact assessment system (Methodology 2017+). Apart from the aforementioned institutional support, the assessment system for targeted support projects is also being changed, where a system of professional guarantors is gradually being introduced, sectoral priorities are being unified and the overlapping of forms of support is being eliminated. In the case of both institutional and targeted support, the weak points are the linkage and proportionality of the innovation chain: basic research, applied research, innovation, product, profit, reinvestment into research.

Goals:

● Strengthen research and development funding (measured as % of GDP): 2.0% in 2020, 2.5% in 2025, 3.0% in 2030, i.e. a growth of 1% each year; of which 1% are from public resources and company resources, 1.5% in 2025, and 2% in 2030.

● Increase the institutional component of research and development funding for those research organisations that achieve excellent results in defined research priorities.

● Strengthen the targeted support for institutions whose results are applied in practice.

● Through evaluation, support the orientation towards participation in Horizon Europe and continue to receive research funding from European funds.

- Fully implement an assessment system in line with the Methodology 2017+, monitor and continually evaluate its impact with an emphasis on the impact on society.
- Support research topics that meet the typical criteria: globally competitive basic research—sufficient capacity for followup applied research—successful applications (new quality of life solutions, patents, licenses sold, products)—real interconnection to the corresponding company environment and fields with breakthrough technology potential.
- By 2030, achieve excellence in research and development by the standards of the European Research Council.
- Encourage obtaining funds from non-public sources through financial instruments.
- Simplify conditions and expedite the process of employing foreign skilled staff.

Tools:

- Czech National Research, Development and Innovation Policy, 2021+.
- National Research and Innovation Strategy for Smart Specialisation of the Czech Republic (RIS3).
- Prepare of a major amendment or new act on the promotion of research, experimental development and innovation.
- Strategy for the long-term financing of RD&I (research, development and innovation) involving resources from the state budget.
- Create a higher state incentive to use tax deductions for RD&I.
- Investment Incentives Act in relation to RD&I incentives.
- Engage companies in research projects with research organisations using private co-financing.
- Establishment of an inter-ministerial working group to prepare targeted grant schemes for supporting research topics (programmes) with innovation potential and the creation of innovation chains.
- Make assessment of innovation capacity as part of the evaluation of research centres of excellence.
- Create a scheme for pooling public and private resources and funding long-term research for business needs.
- Make use of Horizon Europe's National Support for Domestic Organisations Scheme and active international science policy towards the EU to increase the participation of the Czech Republic in consortium projects H2020, respectively (namely), Horizon Europe.
- Operational programmes funded by EU 2020+ funds with a strong focus on RD&I.
- Development of the Methodology 2017+ for the individual segments of the research and development system in the Czech Republic, i.e. the full launch of all modules, the application of scaling and the strengthening of the interconnection between basic research and applied research.
- Evaluation system for RVVI targeted support respecting National RD&I Policy.

- Motivation programme to support international teams, establishment of a Welcome Office.
- Targeted programmes to support excellence (ERC-CZ, EXPRO), institutional support for excellence and "pipe-line" programmes to attract, develop and maintain top-level researchers at the level of providers of research organisations.
- Support Open Access to research and development results.

The Country for Technology:

Polytechnic Education

Institution(s) responsible: Ministry of Education, Youth and Sports / Ministry of Industry and Trade / Ministry of Agriculture

Managerial personnel responsible: Ministry of Education, Youth and Sports representative

Current situation:

Although the Czech Republic has a high-quality education system, the area of polytechnic education has been undervalued over the long term. A properly developed STEM (Science, Technology, Engineering and Mathematics) system is missing, which should have been one of the key competences in the new curriculum concept from nursery schools through elementary to secondary education.

At elementary schools there is a clear absence of a compulsory subject focused on technology (development of technical thinking, practically applicable skills, fine motor skills and technical creativity) with a link to new technologies, while not only the training of teachers in these fields but also the involvement of practical specialists in teaching is standing still.

The situation at secondary vocational schools is characterised by insufficient inter-connection of teaching with both practice and with elementary schools. Furthermore, there is a lack of teaching with elements of the dual system of education. Schools and employers haven't conducted a systematic and planned cooperation based on the regional basic situation. Pupils and teaching staff are both unfamiliar with the latest technologies.

Polytechnic-oriented universities lack a system to incentivise spin-offs, start-ups, and the creation of natural cooperation between students and companies in advanced technologies, including the establishment of their own companies (the so-called entrepreneurial university). In the case of further education, there are few possibilities for retraining in the use of new

56

Development Report on Zhejiang-Czech Economic and Trade
Cooperation under the Framework of the Belt and Road Initiative (2019)

technologies, associated with changes in workload.

Czech society is also not sufficiently ready for the use of disruptive models in education. This may in turn lead to a further shortage of skilled staff in new technologies, both in business practice and in the research sphere.

Goals:

- Changing the polytechnic education system: emphasis on creativity, research approaches, technical imagination, logical and critical thinking, problem solving, information evaluation, project-based teaching on the knowledge base of natural sciences and mathematics.

- Elementary education: at the level of the Framework Educational Programmes (FEPs), the integration of a "People and Technology" education area with the aim of implementing a compulsory subject "Technology" in the secondary school, which is based on the the existing background study on revisions of the FEP; in the elementary school, implementation of a technology curriculum into a relatively separate educational area and at the same time implementation of technical skills across the board in all relevant subjects.

- Secondary vocational education: innovation and consolidation of a coherent national system with dual education elements, managed by the government with the involvement of the regions and employers.

- University education: support for study programmes focusing on advanced technologies and incentives to involve top personalities in collaboration with domestic universities in all areas.

- Promoting lifelong learning and re-skilling—preparing for the use of breakthrough technologies.

- Analysis of the impact of Industry 4.0 on the labour market in order to appropriately transform the education system.

- Targeted support for strategic alliances of domestic universities with Europe's top universities and the synchronisation of their curricula in relation to the mobility of students and academics.

Tools:

- Updating the Digital Education Strategy with the introduction of breakthrough technologies.

- Revising the FEP for elementary schools (application of the National Institute for Education working group concept—Technology), implementing the "People and Technology" educational content, promoting the subject "Technology" and carrying out new technologies in other relevant subjects within the FEP.

- Strengthening undergraduate teacher training with a focus on the use of new technologies as teaching tools.

- Introducing conceptual support for the innovation potential of pupils and students.
- Increasing the digital competence of teachers in line with the Teacher Digital Competence Standard.
- Changing legal standards in initial and continuing education by using the elements of the dual education system with the involvement of employers, the regions, unions and critical departments.
- Creating a system based on dual education at national and regional level to coordinate the cooperation of schools with employers and provide firms with methodological support in professional training and preparation.
- Completing a support system for staff training at national and regional level to respond to current market demand.
- Establishing university methodological support centres for current and future teaching staff, with the aim of sufficient preparation for the implementation of new technologies in elementary and secondary education.
- Creating a system of ongoing assessment of the impact of the industrial revolution on the innovation ecosystem, labour market, education and citizens' lives.
- Creating a Fast Track for the employment of advanced technology scientists and academics.
- Encouraging of universities to introduce Masters and PhD programmes in English and targeted state activity in winning (attracting) foreign students for Czech universities and their interconnection with public research institutions.

The Country for Digitalisation:

Digital State, Manufacturing and Services

Institution(s) responsible: Government Council for Information Society (RVIS) / Ministry of Industry and Trade / Ministry of the Interior / Office of the Government of the CR (UV CR)
Managerial personnel responsible: Government Representative for IT, Ministry of Industry and Trade Representative

Current situation:

A number of important tools for digitalisation have been introduced in the Czech Republic in recent years, with more than 700 online solutions implemented in the public sphere.

However, the system for digitalisation implementation in the Czech Republic has been chaotic so far, public information systems and online tools are not interconnected, bringing neither comfort nor time or cost savings to businesses or citizens. As the Czech Republic is a highly industrially-oriented country, Industry 4.0 must be understood as a societal and economic phenomenon that determines our future position in the world community. In order to strengthen the coordination of the digital agenda process, the current government has approved a new Digital Czech Republic strategy, which contains: The Czech Republic in a Digital Europe, an Information Concept for the Czech Republic (Digital Public Administration) and Digital Economy and Society. Digital Czech Republic has managed to overcome the long-term sectoral and thematic fragmentation of the digital agenda. Coordination of the whole implementation is concentrated in the RVIS under the patronage and direction of the government representative for IT; it will be implemented in offices and departments in accordance with their authority.

Goals:

- Ensure online services for citizens and businesses and transform the network of contact points to assist state administration.
- Establish efficient and centrally managed IT system to be coordinated by the RVIS with the involvement of all ministries.
- Create an interlinked data fund to get access to all the information already provided to the state by citizens or companies to avoid the obligation to re-provide them.
- Do preparation in the whole society for trends such as IoT, AI, Big Data, new types of human-machine interface, etc.
- Promote the implementation of applied research on transformative technologies in practice.
- Permanently secure online and shared services, including the system security of industrial enterprises and complex facilities (cities, airports, businesses, power stations), using intelligent cybernetic systems and handling the most serious risks.
- Involve small- and medium-sized businesses in the use of digital business tools.
- Ensure communication on topical issues and opportunities from the EU Digital Agenda.
- Formulate measurable levels of Industry 4.0 implementation and resulting generally respected standards.
- Apply Industry 4.0 principles to the energy sector, especially in the field of smart grids, as well as smart cities and smart regions.
- Set up a system to support resource optimisation and environmental protection in connection with the implementation of Industry 4.0 in manufacturing plants and services.

Tools:

- Linkage of National Strategy for AI with Coordinated Plan for AI.
- European Centre of Excellence for AI in the Czech Republic.

- National Research and Innovation Strategy for Smart Specialisation of the Czech Republic (RIS3).
- Building high-speed infrastructure as the basis for online services.
- Switching to shared services, shared platforms, and the Cloud.
- Creating targeted digital literacy training for small firms in the form of the Year of Digital Business.
- Support for Czech companies and research organisations within Digital Europe.
- Support for free access of research teams on the aspects of computing capacities and their expansion.
- Introduction of the Digital by Default and Data Only Once principles for relevant state administration agendas.
- Implementation of a Digital Citizens' Rights Act.
- Pilot projects on the use of transformative technologies in state administration.
- Negotiations within existing platforms with the European Commission and other national CDOs on strategic digitalisation issues.
- Promoting the position of the Czech Republic as an active player in the digital single market.
- Combining Industry 4.0 with the Digital Czech Republic programme.
- Introduction of financial instruments to facilitate robotisation, automation and the promotion of innovation in firms, with an emphasis on SMEs in line with defined Industry 4.0 standards.
- Support for the transformation of small- and medium-sized businesses—Digital Innovation Hubs.
- Support for technological solutions and innovations in automation, robotics, AI in the calls of national RD&I programmes.

The Country for Start-ups:

National Start-up and Spin-off Environment

Institution(s) responsible: Ministry of Industry and Trade / CzechInvest / Czech-Moravian Guarantee and Development Bank / Technology Agency of the Czech Republic

Managerial personnel responsible: General Director, CzechInvest

60

Development Report on Zhejiang-Czech Economic and Trade
Cooperation under the Framework of the Belt and Road Initiative (2019)

Current situation:

In the Czech Republic there is a weaker investment environment to incentivize the creation and financing of new projects, but there is partial support for start-up projects through the state CzechInvest agency, through incubation and acceleration programmes. However, there is a lack of a comprehensive national concept for their establishment, development and funding. Universities support the emergence of start-ups/spin-offs haphazardly because they are generally considered to be risky in the academic environment. From the point of view of business practice, there is insufficient motivation to use academic outputs, and in the Czech Republic the approach of cooperation ways among corporations, small- and medium-sized firms and start-ups is inflexible. From the point of view of young Czech innovative companies themselves, their ability to expand abroad is lower due to low internationalisation.

Goals:

- Create specific supporting elements for the establishment and support of start-ups and spin-offs at national level and link these elements with regional and international support.
- Create a comprehensive funding programme with national support for the start-up segment.
- Create a start-ups map to link them up with investors and support providers.
- Ensure an exchange of information and best practice among start-ups at national level.
- Create a good environment for foreign start-ups and technology teams for the long-term development of their activities in the Czech Republic.
- Prepare a targeted programme set by Czech Technology Agency for start-ups and spin-offs.
- Introduce training for entrepreneurship as part of teaching at all levels of education.
- Introduce monitoring and benchmarking of incubators, hubs and accelerators.

Tools:

- Creation of a National Start-up Support Agency within CzechInvest.
- Creation of Czech-Moravian Guarantee and Development Bank programmes for financing start-ups, involving small- and medium-sized businesses in setting up their own start-ups, and a system for commercialisation institutions at universities and public research institutions.
- Collaboration with commercial corporations and possible private investors to develop start-ups.
- Creation of tools for targeted support of RD&I within the Czech Technology Agency for start-ups and spin-offs, including an evaluation system.
- Creation of 2020+ operational programme calling for start-ups and spin-offs.
- Targeted support from universities for entrepreneurship through setting up start-ups and spin-offs.

- Supporting a regional system to promote innovative start-ups and spin-offs.
- Expanding the use of the instruments of the European Investment Fund (EIF).
- Creating of investment schemes in line with international models (Israel, Finland).

The Country for Excellence:

Innovation and Research Centres

Institution(s) responsible: Council for Research, Development and Innovation (RVVI) / Ministry of Education / Czech Academy of Sciences / Ministry of Industry and Trade / Technology Agency of the CR

Managerial personnel responsible: Member of the RVVI Board

Current situation:

In terms of the number and quality of its research centres and research infrastructure, the Czech Republic is one of the EU's leaders. However, the state doesn't account for research or commercial advantages of research institutions, resulting in a number of centres whose capacity will be difficult to utilise in the future, with overlapping disciplines in a number of cases. In spite of this, a number of top research centres have emerged in the area of new technologies (robotics, laser technology, nano-technology, etc.). There are several support systems for these centres, institutional support for the long-term conceptual development of a research organization such as support for large research infrastructure, as well as support for National Centres on Competence Research. These supports are, however, accompanied by bureaucracy, inconsistencies between control bodies and providers in issues of public aid permitted, selection procedures, support rules, while limitations multiply, inhibiting the options for public research and its co-operation with the applications sphere.

Goals:

- Focus support on key trends such as the intersection of research excellence, the potential of Czech companies and future technological trends, that is, Smart Specialisation Strategies (AI, space technology, laser technology, nanotechnology, biotechnology, energy-saving solutions, chemistry and chemical technology, clinical medicine and biomedicine, etc.).
- Create a complementary scheme for financing RD&I capacities from institutional support for the long-term conceptual development of research organisations and the so-called

Development Report on Zhejiang-Czech Economic and Trade
Cooperation under the Framework of the Belt and Road Initiative (2019)

62

large research infrastructure on the one hand, and provide tools to support long-term strategic cooperation between the public research sector and the industrial sphere in the form of so-called National Centres on Competence Research on the other.

- Support for excellence centres resulting from the Smart Specialisation Strategy—the global visiting card of the Czech Republic for the most advanced technologies.
- Achieve the integration of Czech firms into industry clusters with the involvement of research institutions.
- As part of support from public funds, specifically support proposed solutions with the potential for commercialisation through IP protection.

Tools:

- Long-term strategy for cooperation of the private sector with research facilities in areas defined as high-priority by the state.
- Innovative strategy "Institutional Support for Long-term Conceptual Development of Research Organisations".
- Innovated "Large Research Infrastructure" strategy.
- Connection of "National Centres on Competence Research" and OP RDI (Operation, Research, Development and Innovation) Centres with industry clusters.
- Involvement of key European programmes for the development of excellence centres.
- Involvement of European 2020+ Operational Programmes for building research clusters.
- National initiative to reduce the bureaucratisation of science, effective modifications to the interpretation of state aid questions, the registry of contracts and procurement tenders.
- National Research and Innovation Strategy for Smart Specialisation of the Czech Republic (RIS3).

The Country for Investment:

Smart Investment

Institution(s) responsible: Ministry of Industry and Trade / CzechInvest
Managerial personnel responsible: Ministry of Industry and Trade representative

Current situation:

The Czech Republic has long supported foreign investment. Since 1993, in particular, state investment policy implemented by CzechInvest has attracted foreign direct investment worth CZK 1 trillion, which has in turn generated 250,000 jobs. However, in most cases, support for business investment was not directed to value-added investment. A partial change has occurred only in recent years, that is, foreign companies, with the support of CzechInvest, sought locations for higher added value operations after the global economic crisis. A change in the legislation related to support for investment in research and development projects is currently underway. At the same time, Team Czech Republic has been created, consisting of state agencies and banks, providing various support for businesses, from support for research and investment to promotion of exports and financing.

Goals:

- Achieve an increased volume of corporate investment with high value added.
- Achieve an increase in corporate investment in which the results of research conducted in research organisations will be utilised.
- Achieve increased use of tax deductions for research and development and innovative investment.
- Support Czech companies investing abroad in research and development and innovative projects.
- Support investment implementing Industry 4.0.
- Achieve increasing investment in prospective industries (e.g. AI, space technology, laser technology, nanotechnology, biotechnology, energy-saving solutions, chemistry and chemical technology, etc.).
- Encourage public procurement and support investment in innovation.
- Link investment in defense and security with industrial research support.
- Support the modernisation of the Czech economy's industrial base.
- Within the framework of state investment policy (public investment), take into account solutions to adapting to climate change and addressing drought and food security.

Tools:

- Change the incentive rules for corporate investment in order to support investment with high value added, involving related companies in collaboration with research centres and research organisations.
- Promote support for small- and medium-sized businesses with the potential for high value-added production.
- Focus in particular on support for investment in key areas, in line with the Smart Specialisation Strategy, the National Space Plan, the AI Support Strategy, etc.

- Create a system of technological foresight (horizon scanning).
- Focus the public procurement system increasingly on the purchase of innovative technologies—within the framework of the Public Procurement Act, prepare a methodology sheet to take the best value into account.
- Create a National Investment Plan.
- Create a motivation system for existing foreign investors who have had positive experiences in the Czech Republic to relocate their RD&I, distribution and marketing activities to the Czech Republic.
- Through Team Czech Republic create a motivation system for Czech companies investing abroad in innovation and technology projects.
- Update the legislation on deductions on RD&I and create an education system for businesses.
- Create a system to link investment in national defense with the support of Czech industry so that Czech companies can be part of the development of the latest systems and have the possibility under the given conditions to apply the latest achievements to the civilian sphere, and vice versa.
- Apply the so-called adaptation strategy—combining innovation and, where relevant, the need to prepare for climate change.
- Regularly evaluate the impact of public support for innovative processes in the commercial/corporate area.
- Create as part of Team Czech Republic a product based on the support of enterprises involved in the whole cycle (from investment in research and development to export of the final product), on the basis of which, in particular, small- and medium-sized enterprises would receive a comprehensive offer of financing, investment aid for innovation, patent support and export support.

The Country for Patents:

Intellectual Property Protection

Institution(s) responsible: Ministry of Industry and Trade / Industrial Property Office
Managerial personnel responsible: Chairman of the Industrial Property Office

Current situation:

In the Czech Republic, intellectual property (IP) protection instruments are insufficiently used in comparison with the most advanced countries, which is reflected in the low number of national and foreign patents granted. Awareness of the need to protect intellectual property is still weak, and in management documents, even in the strategic and conceptual documents for research, development and innovation, the issue has not yet been sufficiently addressed. The training programmes of IP protection within the cooperation with all types of schools have not been systematic, and there is only limited support and ad hoc activities as part of lectures.

Goals:

- Raise awareness of protection—set up closer co-operation with all levels of education, both in lecturing and in creating training programmes.
- Raise awareness of IP protection in the manufacturing and application spheres, beginning from the research phase.
- Increase the use of intellectual property protection, especially patents with commercial potential.
- Make use of patent information before formulating scientific, research, and innovation plans.
- Reflect the goals and follow-up measures of the IP Protection Concept, in particular for patents, in other EU and CR management documents.

Tools:

- Creating a comprehensive IP Protection Concept, in particular for patents.
- Long-term support for the operation of centres for technology and knowledge transfer at research organisations and universities.
- Setting financial support in line with the established objectives of the IP Protection Concept.
- Providing training services in the field of IP for all levels of education.
- Encouraging to make use of licensing policy to achieve leading-edge results.
- Participating in the formulation of EU and CR management documents to have them reflect the objectives of the IP Protection Concept.
- Setting up financial support tools for the effective use of IP protection.
- Setting up IP enforcement support tools.
- Recording and promoting financial support for the protection and enforcement of IP rights.

The Country for Smart Infrastructure:

Transport and Construction Environment

Institution(s) responsible: Ministry of Transport / Ministry for Regional Development / Government Council for Public Investment / Chamber of Commerce of the Czech Republic

Managerial personnel responsible: Ministry of Transport representative, Ministry for Regional Development representative

Current situation:

The Czech Republic is building a backbone transport network, but in many places the process is blocked due to lengthy proceedings. Conventional transport telematics elements are being built up and connected to each other, and new ones are being tested to create, process and provide information of sufficient quality to control and manage traffic. On the other hand, a sufficiently large network of recharging stations has not yet been built to absorb the coming increase in the number of electric vehicles. Neither transport infrastructure nor legislation is ready for the link of data of autonomous or automated vehicles. Nor has the issue of city logistics been adequately addressed. Although the Czech Republic has good research, business and training capacity in the construction field, including readiness to build the structures associated with advanced technologies, at the same time, the Czech Republic is continuing to fall down its international rankings in the speed of handling construction permitting. In order to address this problem, a Public Investment Council has been set up and the re-codification of public construction legislation is underway.

Goals:

- Ensure widespread and affordable use of reliable smart transport services for both people and objects.
- Complete the backbone transport infrastructure network.
- Build a sufficiently robust network of transport telematics systems in the Czech Republic (at state and regional level) and integrate data from them into the National Transport Information Centre (NTIC) for their further use to control and manage traffic and provide further use in the private sphere.
- Ensure a permitting process within construction proceedings with mandatory and

enforceable deadlines of a maximum of 1 year.

- Simplify and accelerate the administrative processes for construction proceedings and procedures related to digitalisation.
- Synchronise and coordinate state administration and local authority activities in transport network construction and transport provision, including provision for the needs of persons with reduced mobility and orientation.
- Ensure an integrated approach of carriers in public passenger transport.
- Ensure a high level of intermodality and support the establishment of logistics centres.
- Prepare for the widespread deployment of alternative fuel cars in real traffic and by enabling the operation of autonomous and automated vehicles, support the further development of the automotive industry in the Czech Republic.
- Create a targeted support for smart city construction, including the issue of city logistics.
- Promote the implementation of extensive demonstration and testing pilot projects for smart transport solutions

Tools:

- Czech Republic Transport Policy.
- Concept for Public Passenger Transport.
- Intelligent Transport Systems Development Action Plan.
- Action Plan for the Future of the Czech Automotive Industry.
- Action Plan for Clean Mobility (building of recharging stations for electric cars, etc.).
- Vision for the Development of Autonomous Mobility and an Autonomous Driving Action Plan.
- Concept for Research, Development and Innovation in the Transport Sector to 2030.
- ESIF, CEF, SFDI, Transport Research Centre.
- Act on Accelerated Construction of Transport Infrastructure (the Line Act)
- Amendment of the Road Traffic Act, the Roads Act, etc.
- Concept for Smart Cities and Regions at the national level.
- Creating a separate, professionally qualified construction office.
- Clear delimitation of competences on the basis of state and local government policies in construction proceedings.
- Comprehensive assessment of the public interests affected.
- Introducing the appellation principle and the centralisation principle in the assessment.
- Defining the protection of the public construction interest (introduction of the European TIA—Territorial Impact Assessment).
- Introducing a binding "Nationwide Land-use Plan" to coordinate and make adequate use of resources (water, finance, infrastructure, energy) and protect natural resources, food security, military security, etc.

68

Development Report on Zhejiang-Czech Economic and Trade
Cooperation under the Framework of the Belt and Road Initiative (2019)

The Country for Smart People:

Smart Marketing

Institution(s) responsible: Council for Research, Development and Innovation (RVVI) / Ministry of Industry and Trade / Ministry of Foreign Affairs / CzechInvest
Managerial personnel responsible: RVVI representative

Current situation:

Developing the good name of the Czech Republic as a highly innovative country can be a haphazard process. The Czech Republic is promoted abroad primarily in the traditional way (beer, ice hockey, cut glass and tourism). Exceptions include some international exhibitions, such as EXPO, where there has been a long-term effort to present the Czech Republic as a technologically advanced country. However, there is a lack of a comprehensive promotion strategy, including a unified positioning involving key public and private institutions. The result is marketing fragmentation, both on a product basis (presentation of the top fields in which the Czech Republic is world-class) and in publicity (advertising, PR, direct marketing). As a result, in spite of a number of exceptional successes in the areas of the latest trends in science, research and commercial applications, the Czech Republic has not been perceived as a country of innovative opportunities with exceptional human potential in a number of technological fields yet.

Goals:

- To build the brand of the Czech Republic as a confident innovation leader—to present the Czech Republic as a country with scientific potential, advanced industry and doing research in numerous fields, with educated, ingenious people of great inventiveness.
- To present both past global successes and a contemporary innovation ecosystem, including a modern innovation strategy.
- To build a brand on the excellence of Czech research centres, the unique products of Czech companies, leading-edge science in the most advanced technologies and successful innovative individuals.

Tools:

- Development of a marketing team that will systematically introduce new elements for presentation of the Czech Republic across ministries, research organisations and businesses.

- Creation of a style guide for the "The Czech Republic: The Country for the Future" strategy and introduction of its elements into key national and international documents and activities (conferences, exhibitions, EXPO, EU presidency, etc.) including integration into the online presentation tools of the relevant professional public institutions, embassies, foreign representations of the Czech Republic and the Czech Centres.

- Creation of tools for the presentation mix (advertising, PR, support, direct marketing) for the Czech Republic—Innovation Leader of Europe 2030 concept, especially on the basis of new communication technologies, making use of social networks, etc.

- The launch of a long-term presentation campaign using examples of scientific and commercial success, the success of scientific teams and their leaders in selected areas of technologies: AI, energy, efficient systems, laser technology, nanotechnology, space technology, biotechnology, chemistry and chemical technology, etc.

- Active representation for the Czech Republic as a technological leader at the international level (EU, OECD, etc.), the key role of the Prime Minister, ministers, ambassadors and foreign representations of the Czech Republic.

- Attracting experts with an insight into the Czech Republic's innovation and research potential in delegations of institutions, with a specific mission objective.

- Organisation of incoming missions of foreign experts and scientists who are influential in the research policies of their countries in order to engage them in Czech RD&I and present to them the best of Czech research and innovation.

- Systematic promotion of research opportunities in the Czech Republic in multiple language versions, by setting a so-called Welcome Office for foreign scientists.

- The organisation of thematic technology missions of Czech experts to countries with cooperation potentials.

Conclusion

The Czech Republic has an extraordinary opportunity to become one of Europe's innovation leaders by 2030. As demonstrated by the international comparison, the Czech

Republic has for this the potential in the crucial instruments of positive change, notably in innovative infrastructure and the promotion of digitalisation. In addition to the actual innovation potential, the Czech Republic also has a clear understanding of what needs to be done to bring about change.

Last but not least, the Czech Republic also has the political will to make these changes. The first steps will be to increase spending on research and development. This spending will be tied to the evaluation of research, which will continually improve by international comparison and be increasingly useful for the quality of life of people in the Czech Republic.

As an industrial country that has always been at the forefront of development, we are not afraid of the change known as Industry 4.0, and will support research and development that will strengthen the Czech Republic's position in the world, especially in artificial intelligence and the digitalisation of branches of the economy. The quality of citizens' lives will also be improved by the digitalisation of public administration services, the possibility to provide their data to public administration just once and to communicate with it at a single point. Of particular importance will be the reinforcement of a citizen's right to digital service.

We have the reputation of an extremely inventive and creative nation in the world. We always have exceptional technical potential, capable engineers and technicians. The new challenges call for an efficient system of polytechnic education, new ways of teaching, digital education, and the support for technical education and manual skills from our nurseries onwards. School education programmes, the practical training of teachers and management of students' education will be adjusted to reach this effect.

Intellectual property protection will also be systematically improved. This requires, in particular, the promotion of systematic education in this field from elementary schools onwards, the promotion of patent protection and the enforcement of patent rights.

Support will also be strengthened for native Czech companies, spin-offs and start-ups arising as a result of both academic research and natural needs of business in all areas of social needs. In line with the Israeli model, we will be creating an environment where the state with its tools will support the new companies in the most risky period of their emergence.

Using EU funds and national resources, there will be support for the most promising centres and research infrastructure, including both centres of international importance and innovation centres which will be of the greatest benefit for the Czech society and economy.

The Czech economic growth, which in the past was supported by investment incentives, will be renewed and extended, subject to a commitment to high value-added output and to cooperation with the Czech Republic's research infrastructure. In the past, investment incentive policies in the Czech Republic have been geared towards supporting employment, while from now on it will focus on promoting innovation.

Current and future infrastructure includes not only roads, motorways and railways but also telecommunications infrastructure and its associated logistics. We will be ready for self-driving transport, new transport fuels, focusing on the impacts of climate change. In a short time, we will reform the construction law so that the approval process will be radically accelerated and the infrastructure can be built in a short period following the example of the most dynamic innovative countries.

Czechoslovakia was an acknowledged name in the world. The Czech Republic has the "right" to a similar brand. All major means of communication will be used to provide systematic support for this brand to grow in the world, as the mark of a dynamic country that has the conditions for a good quality of life.

Acknowledgement

Development Report on Zhejiang-Czech Economic and Trade Cooperation under the Framework of the Belt and Road Initiative (2019) has been successfully released. Here we would like to thank all walks of life and all sectors of society for their help, guidance and support contributing to the release of this report.

Our compiling work has received meticulous guidance from the Department of Commerce of Zhejiang Province. The Division of Foreign Economic Liaison, Division of Outbound Investment and Economic Cooperation, Division of General Management, Division of Foreign Trade Development and other relevant departments have provided full support and offered valuable suggestions for the revision of the report.

During the process of data collection, the report has received full cooperation and support from many enterprises such as CHINT Group, Dahua Technology, Wanxiang Group, Zhejiang Huajie Investment Development Co., Ltd. and so on.

Genuine appreciation goes to the colleagues of the Research Centre and sincere gratitude goes to the teams of the English translation, Czech translation and external audit experts for their tireless efforts contributing to the successful publication of this report in Chinese, English and Czech versions at the same time.

Zpráva o rozvoji hospodářské a obchodní spolupráce mezi provincií Zhejiang a Českou republikou v rámci iniciativy „Pás a stezka"

(2019)

Zhang Haiyan, Zheng Yali, Zhou Junzi

Překlad

Xu Weizhu

Korektura

Renata Čuhlová

ZHEJIANG UNIVERSITY PRESS
浙江大学出版社

Předmluva

Česká republika, nacházející se ve středu Evropy, se dlouhodobě těší prosperujícímu hospodářskému rozvoji a sociální stabilitě. Země je od roku 2005 označena Světovou bankou jako země s vysokými příjmy, v současné době je jednou z nejrychleji rostoucích ekonomik v rámci členských státech EU. V 2018 podle nejnovějšího žebříčku hodnocení tří mezinárodně uznávaných ratingových agentur se Česká republika řadí na 11. příčku mezi členskými státy EU a první v zemích střední a východní Evropy. Česká republika má jedinečnou geografickou výhodu a patří k schengenským zemím, má výhodnou dopravu a dobrou infrastrukturu, která se může vyvinout na konektivitu Eurasie. Může se pochlubit silnou průmyslovou základnou s početnými kvalitními kvalifikovanými pracovníky; její průmyslová odvětví jako automobilové a náhradních dílů, strojírenské výroby, elektrické a elektronické výroby, výroba letadel, biofarmaceutika, nanomateriály a nové materiály jsou celosvětově konkurenceschopné. Současně, díky zdravému všeobecnému právnímu systému a sociální stabilitě, se Česká republika stala preferovaným cílem pro zahraniční investice vstupující na trh střední a východní Evropy, a jednou z nejúspěšnějších zemí střední a východní Evropy k přilákání zahraničních investic.

Od zahájení iniciativy „Spolupráce 16 + 1" a „Pás a stezka" vstoupila čínsko-česká hospodářská a obchodní spolupráce do nové fáze s podporou jak vlády tak trhu. Objem bilaterálního obchodu po dobu pěti po sobě jdoucích let překročil 10 miliard USD, což představuje 1/5 z celkového objemu obchodu mezi Čínou a 16 zeměmi střední a východní Evropy. V roce 2018 čínsko-český obchod poprvé překročil 15 miliard USD a dosáhl 16,31 miliard USD, meziroční nárůst o 31,5%. Čína se mezitím stala třetím největším obchodním partnerem České republiky a Česká republika je druhým největším obchodním partnerem Číny ve střední a východní Evropě. Obousměrné investice se rychle rozvíjely, finanční spolupráce se

prohlubuje a kulturní výměny jsou v neustálém vývoji. V roce 2018 představil
Zhejiang uspokojivě plodný výsledek ve spolupráci s Českou republikou. Z hlediska
obchodu dosáhl dovoz a vývoz mezi Zhejiangem a Českou republikou 932 milionů
USD, meziroční nárůst téměř o čtvrtinu.

Pokud jde o investice, investiční výkonnost Zhejiang v České republice je
výrazná a její částka za rekordní investice činí 340 milionů USD. Ještě
potěšitelnější změnou je, že s rozšířením investičního měřítka ukazuje Zhejiangsko-
česká investice v trendu koncentrace investic do klíčových oblastí jako jsou nová
energetická vozidla. Wanxiang A123 (Česká) Co., Ltd., Nová souřadnice (Evropa)
Co., Ltd., Ningbo Nike TekJifeng Automobilové součástky Co., Ltd., Ningbo Rikser
Auto Parts Co., Ltd. a další investiční projekty vytvořily průmyslový přelévací efekt
a podpořily prohloubení spolupráce mezi oběma stranami v průmyslovém řetězci.
V oblasti kulturních výměn se prohloubila spolupráce mezi Zhejiangem a Čínou s
pozoruhodnými výsledky a bohatou rozmanitostí, které účinně posílují vzájemné
porozumění a přátelství.

Rok 2018 si připomíná 100. výročí založení České republiky a rok 2019 je 70.
výročí navázání diplomatických vztahů mezi Čínskou lidovou republikou a Českou
republikou. Právě při této příležitosti a za těchto okolností byla uveřejněna Zpráva
o rozvoji hospodářské a obchodní spolupráce mezi provincií Zhejiang a Českou
republikou v rámci iniciativy Pásu a stezky (2019). Na rozdíl od předchozí zprávy
obsahuje verze 2019 jak aktuální analýzu současného stavu, tak historické shrnutí
a prognóza trendu. Tato zpráva je rozdělena do tří částí, konkrétně analýza
současné situace, výhledy do budoucna a tématické články. Analýza současného
stavu představuje ucelený obrazek dovozu a vývozu, obousměrné investice a
kulturní výměny mezi Zhejiangem a Českou republikou v roce 2018 s faktickými
údaji a čísly.

Kapitola Výhledů do budoucna, která podává přehled českého hospodářského
rozvoje v roce 2018, a učiňuje prognózu trendu českého hospodářského rozvoje na
rok 2019, zároveň poskytuje referenční odkaz pro podniky, které se hodlají
rozvíjení hospodářskou a obchodní spolupráci s Českou republikou. Tématické
studie „spolupráce a inovace" je rozdělena na dvě části. První část se věnuje vývoji
dvoustranné hospodářské a obchodní spolupráce během 70 let od navázání
diplomatických vztahů mezi Čínou a Českou republikou. Na základě analytického
zkoumání rysů a faktů charakterizujících čínsko-českou obchodní spolupráci v této
fázi zdůrazňuje dvoustranné spolupráce s cílem prohloubit řetězové spolupráce a
zlepšit ekonomickou provázanost. Druhá část se zaměřuje na budoucnost,
konkrétně oblast vědeckých a technologických inovací a poskytuje čtenářům
podrobnou analýzu nejnovější klíčové strategie České republiky, Země budoucnosti:
Inovační strategie České republiky 2019—2030.

Tato strategie se zaměřuje na tři strategické směry digitalizace, podnikatelských inkubací a chytré infrastruktury, na osm strategických oblastí jako je umělá inteligence a biotechnologie s konečným cílem učinit z ČR v roce 2030 inovačního lídra Evropy prostřednictvím vytvoření inovačního ekosystému pokrývajícího celý inovační řetězec. Je to vysoce v souladu se dvěma strategickými směry „Internet+" a zdravým životem, které byly definovány v prosinci 2018 v nové politice o vědě a technice v Zhejiangu, to bezpochyby činí Zhejiang jedním z nejvhodnějších provincií v Číně na podporu spolupráce v oblasti inovací s Českou republikou, a technologická inovace bude klíčovou oblastí pro budoucí spolupráce mezi Zhejiangem a ČR.

Tato zpráva vychází ve třech jazykových verzích: čínské, anglické a české. Je pod vedením Zheng Yali, která je zodpovědná za rámcový návrh a celkovou revizi návrhu a za psaní části tématických studií. Zhang Haiyan má na starosti koordinaci psaní a revizi návrhů, jakož i psaní části současné situace a tématických studií. Zhou Junzi napsala část současné situace a vývoje. Wei Ji napsala část tématických studií v čínštině. Zhu Huifen odpovídá za organizaci a kontrolu překladu anglické verze. Zhu Huifen a Lv Fangyi jsou zodpovědní za překlad kapitoly současné situace. Za překlad výhledů do budoucna a tématických studií odpovídají Xu Lei a Fan Shuangshuang. Xu Weizhu je zodpovědná za organizaci českého překladu a návrh revize. Renata Čuhlová je zodpovědná za závěrečnou revizi české verze. Doufáme, že touto zprávou jako prostředkem posiluje diskuse a výměny s českými a světovými vědci a výzkumníky „Pásu a stezky", podpoří vědeckové zkumné spolupráce a bude pracovat jednotně za účelem přispívat a sklízet plodné výsledky výzkumu.

Tato zpráva je hlavním výstupem ročního výzkumu Centra českých studií při Vysoké škole finanční Zhejiang. Toto výzkumné centrum bylo zřízeno jako středisko regionálního výzkumu na základě registrace ministerstva školství, je otevřenou výzkumnou platformou zaměřenou na komplexní studium politických, ekonomických, kulturních a společenských aspektů České republiky, je novým think tankem sloužícím potřebám výstavby „Pásu a stezky".

Vzhledem k omezeným schopnostem výzkumného týmu se nezbytně objeví i nedostatky, prosíme tudíž všechny o pochopení a poučení.

Zheng Yali

rektorka Vysoké škole finanční Zhejiang
ředitelka Centra českých studií

Obsah

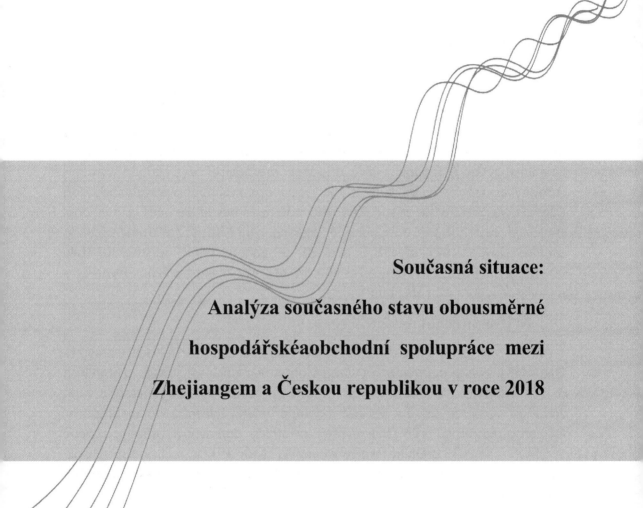

Současná situace:

Analýza současného stavu obousměrné hospodářskéaobchodní spolupráce mezi Zhejiangem a Českou republikou v roce 2018

2

Zpráva o rozvoji hospodářské a obchodní spolupráce mezi provincií Zhejiang
a Českou republikou v rámci iniciativy „Pás a stezka" (2019)

Shrnutí obsahu

◆ **Dvoustranná výměna zboží**

Roku 2018 celkový dovoz a vývoz činil 932 milionů USD, z toho byl vývoz z Zhejiangu do Česka v hodnotě 795 milionů USD a dovoz z Česka v hodnotě 137 milionů USD, stále zřejmou obchodní nerovnováhou mezi oběma stranami. Pokud jde o komoditní strukturu, komodity Zhejiang vyvážené do České republiky byly hlavně oblečení a textil, elektrické vedení a kabely atd., zatímco dovážené komodity z České republiky byly převážně mechanické a elektrické výrobky, suroviny a výrobky na základě zdrojů. V dovozu kvalitního spotřebního zboží s českou specifikou stále existuje obrovský potenciál. Pokud jde o hlavní obchodní subjekty, vývozci do České republiky v Zhejiang byli převážně soukromé podniky, zatímco dovozci byli převážně podniky se zahraničními investicemi. Stále důležitější úlohu přitom hrají přeshraniční podniky elektronického obchodu a podniky pro zahraniční obchodní služby.

◆ **Dvoustranné investice**

Na konci prosince 2018 je 99 českých společností investujících v provincii Zhejiang. Investice probíhaly převážně v oblastech oblečení, textilu, autodílů a dalších odvětvích. A celkem 19 společnosti z provincie Zhejiang investuje v ČR. Zaměřují se především na velkoobchodní průmysl, železnice, lodní přepravy, letectví a kosmický průmysl a výrobu ostatních dopravních zařízení, kovové výrobky atd. V 2018 podniky jako Wanxiang A123 (Česká) Co., Ltd., Europe Huajie Development Co., Ltd. a Hangzhou XZB Tech Co., Ltd. zahájily v České republice kvalitní investiční projekty.

◆ **Kulturní výměna**

V roce 2018 kulturní výměny mezi Zhejiangem a Českou republikou byly aktivnější a rozmanitější. S prohloubením spolupráce v oblasti vzdělávání byl zaveden obor češtiny do programů dvou univerzit a byl zřízen jeden Konfuciový institut. Kulturní výměny se také provádějí v pestrých formách. Český pavilon při Zhejiang Financial College byl slavnostně založen a otevřen. Výstava malby s tématem Západního jezera, filmový týden Zhejiang a další aktivity se konaly s velkým úspěchem. V návaznosti na rok cestovního ruchu Čína-EU se oživuje spolupráce v cestovním ruchu mezi Zhejiangem a Českou republikou a objem turistiky vykazuje prudký růst.

Současná situace: Analýza současného stavu obousměrné hospodářské spolupráce mezi Zhejiangem a Českou republikou v roce 2018

3

Zhejiang

Zhejiang vždy přikládal velký význam využití potenciálu obousměrné spolupráce s Českou republikou, podpoře oboustranných hospodářských a obchodních výměn, rozšíření rozsahu obousměrných investic a prohloubení kulturních výměn mezi oběma stranami. V roce 2018 přinesla zhejiangsko-česká spolupráce uspokojivé výsledky. Z hlediska obchodu dosáhl objem dovozů a vývozů Zhejiang-ČR 932 milionů USD, což představuje nárůst o téměř 25% ve stejném období roku loňského roku. Z hlediska investic vykázaly investice společnosti Zhejiang v České republice vynikající výkon se zaznamenanou investicí ve výši 340 milionů USD. A s nárůstem investic vykázaly zhejiangsko-české investice trend aglomerace v klíčových oblastech spolupráce, jako jsou nová energetická vozidla. Wanxiang A123 (Česká) Co., Ltd., Hangzhou XZB Tech Co., Ltd., Ningbo Jifeng Auto Parts Co., Ltd., Ningbo Recticel Auto Parts Co., Ltd. a další investiční projekty vygenerovaly průmyslový přelévací efekt a podpořily obě strany v prohloubení spolupráce v průmyslovém řetězci. Pokud jde o kulturní výměny, zhejiangsko-česká spolupráce byla poháněna nápaditými způsoby, které účinně posílily spojitost obou národů, a tak podpořily přátelství mezi oběma stranami.

Ⅰ. Situace v oboustranné výměně zboží

A. Celková situace

Objem obchodu mezi oběma stranami dosáhl 932 milionů USD, nárůst o 24,04% ve stejném období loňského roku, avšak celkový rozsah není velký a obchodní nerovnováha zůstává zřejmá.

Jak ukazují data, Jak ukazují oficiální údaje, obchodní výměna mezi Zhejiangem a Českem vzrostla ze 409 milionů USD na 932 milionů USD, se během posledního desetiletí od roku 2009 do 2018 zvýšil 1,28 krát, s průměrným ročním růstem 9,58% (obrázek 1-1). V tomto období se objem vývozu Zhejiang do České republiky zvýšil z 348 milionů USD na 795 milionů USD, což představuje meziroční nárůst o 9,61%; dovoz vzrostl ze 61 milionů USD na 137 milionů USD, což představuje meziroční nárůst o 9,41%. V roce 2018 dosáhl Zhejiangsko-český obchod 932

4

Zpráva o rozvoji hospodářské a obchodní spolupráce mezi provincií Zhejiang
a Českou republikou v rámci iniciativy „Pás a stezka" (2019)

milionů USD, což mělo rekordně vysoký nárůst o 24,04% ve stejném období loňského roku, o téměř 13% vyšší než průměrná míra růstu dovozů a vývozů v Zhejiang ve stejném období (11,38%). V tomto období činil vývoz Zhejiang do České republiky 795 milionů USD, meziroční nárůst o 24,80% a dovoz byl 137 milionů USD, meziroční nárůst o 19,80%. Celkově se dovoz a vývoz obou strany rychle zvýšil, ale ne ve velkém objemu. Pokud jde o obchodní toky, vývoz Zhejiang do České republiky byly v mnohem větším objemu než dovoz z České republiky a obchodní nerovnováha zůstává.

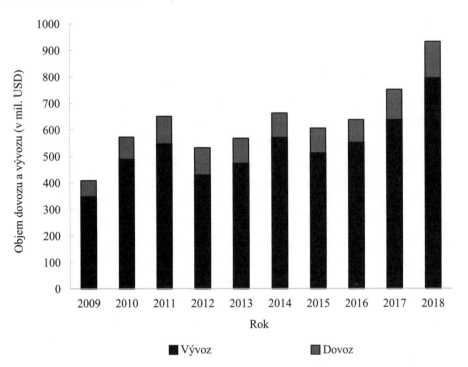

Obrázek 1-1   Objem obchodní výměny mezi Zhejiangem a ČR mezi lety 2009—2018
(**Zdroj:** Odbor obchodu provincie Zhejiang)

B. Struktura obchodních komodit

Mezi komodity vyvážené do České republiky patří především oblečení, textil, elektrické vedení a kabely atd., zatímco dovážené komodity z České republiky jsou převážně mechanické a elektronické výrobky, suroviny a výrobky založené na zdrojích.

Z hlediska struktury exportních komodit je deset hlavních produktů zhejiangského vývozu do Česka v roce 2018 shrnuto v obrázku 1-2, mezi hlavními komoditami byly oblečení, textil, elektrické vedení a kabely. Ze všech vývozů Zhejiang do České republiky dominovalo oblečení a oděvní doplňky, přičemž vývoz činil 86,77 milionů USD, což přispělo k 10,91% celkového vývozu za rok 2018. Pokud se také   započítávají textilní nitě, tkaniny a zhotovené výrobky (na čtvrtém místě mezi top 10), textilní a oděvní průmysl překročí 100 milionů USD, což

Současná situace: Analýza současného stavu obousměrné hospodářské spolupráce mezi Zhejiangem a Českou republikou v roce 2018

5

představuje téměř 15% vývozu. Následující kategorie v první desítce byly elektrická vedení, kabely, elektrické motory a generátory v hodnotě přibližně 30 milionů USD, mnohem méně než u textilu a oděvů.

V současné době je míra koncentrace hlavních komodit vyvážených ze Zhejiangu do České republiky nižší než celková úroveň Zhejiang za stejné období. V roce 2018 představoval 10 hlavních vývozních komodit do České republiky 36,41% celkového Zhejiangského vývozu do České republiky, o 5% méně než prvních 10 vývozních komodit z celkového vývozu Zhejiang za celý rok. Mezi vyvážené komodity do České republiky s vyšší mírou koncentrace než je celková úroveň v Zhejiangu, patří oblečení a oděvní doplňky, elektrické vedení a kabely, ocelové nebo měděné upevňovací prostředky a autodíly.

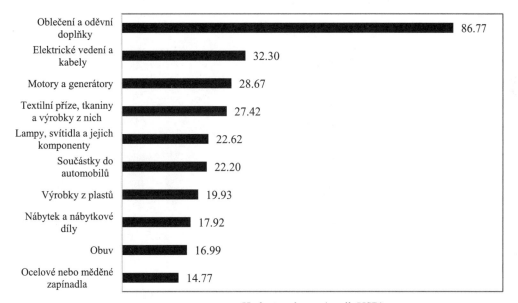

Hodnota vývozu (v mil. USD)

Obrázek 1-2   Hlavní produkty zhejiangského vývozu do ČR v 2018
(**Zdroj:** Odbor obchodu provincie Zhejiang)

Z hlediska struktury importních komodit je deset hlavních produktů zhejiangského dovozu z Česka v roce 2018 uvedeno v obrázku 1-3. Komodity dovážené z Česka představovaly velkou část kovových šrotů, obráběcích strojů pro zpracování kovů a tak podobně jako hlavní výrobky. Objem 10 největších dovozů Zhejiangu z České republiky představoval 45,03% celkového dovozu Zhejiangu z ČR za stejné období a míra koncentrace komodit byla vyšší než u hlavních vyvážených produktů, rovněž vyšší než celková míra koncentrace hlavních dovozů v Zhejiang za stejné období. Do jisté míry odráželo hlavní komoditní oblasti Zhejiang z ČR. Z nich celkový objem dovozu obráběcích strojů na kovovýrobu, automatické řídicí a měřicí přístroje a

6

Zpráva o rozvoji hospodářské a obchodní spolupráce mezi provincií Zhejiang
a Českou republikou v rámci iniciativy „Pás a stezka" (2019)

nástroje, tiskařských a vázacích strojů a dalších mechanických a elektrických výrobků dosáhl 31,4805 milionů USD, což představuje 23,02% celkového dovozu Zhejiang z ČR. Celkový objem dovozu surovin a produktů založených na zdrojích, jako je například kovový šrot, plasty v primárních formách a dřevo, dosáhl 25,4269 milionů USD, což představuje 18,60% celkového dovozu Zhejiang z ČR v roce 2018.

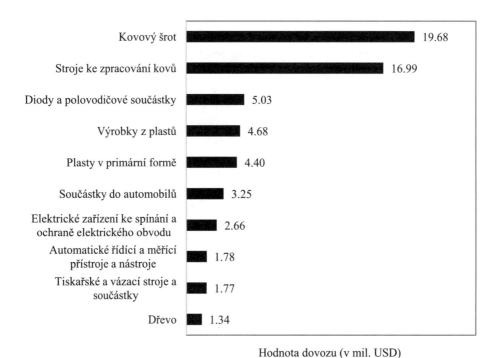

Hodnota dovozu (v mil. USD)

Obrázek 1-3   Hlavní produkty zhejiangského dovozu z ČR v 2018
(**Zdroj:** Odbor obchodu provincie Zhejiang)

V současnosti stále existuje zjevná nerovnováha mezi dovozem a vývozem mezi Zhejiangem a Českou republikou. Chcete-li tento problém vyřešit, je třeba pochopit následující skutečnosti:

1) Pokud jde o strukturu komodit, ani Zhejiang ani Česká republika nejsou bohaté na zdroje, a proto dovoz a vývoz komodit založených na zdrojích nelze ve velkém objemu zvýšit a tyto komodity se nestanou hlavními komoditami pro obousměrný obchod. Místo toho by se priorita měla zaměřit na průmyslové meziprodukty a zpracované zboží a stále existuje velký potenciál, který by bylo možné využít k prohloubení průmyslové spolupráce a k podpoře oboustranného obchodu s průmyslovým zbožím. Zvýšení dovozu českého spotřebního zboží je jedna z hlavních snah ke snížení obchodního deficitu. Je však nezbytně nutné napravit dvě překážky: tvrdou homogenní konkurenci spotřebního zboží dováženého ze střední a východní

Současná situace: Analýza současného stavu obousměrné hospodářské spolupráce mezi Zhejiangem a Českou republikou v roce 2018

7

Evropy a zásobovací kapacitu vlastních produktů České republiky. V krátké době je obtížné situaci výrazně vylepšit a rozvoj domácího trhu ještě potrvá delší dobu .

2) „Made in Zhejiang" má silnou konkurenční výhodu na globálním trhu, zatímco „Made in Czech Republic" je integrovanější do evropského průmyslového řetězce se zaměřením na Německo. Proto dlouhodobá strategie pro dosažení udržitelného růstu oboustranného obchodu spočívá v podpoře a povzbuzování českých podniků, aby prováděly spolupráci v průmyslovém řetězci s podniky v Zhejiang, a v plné míře využívaly svých technologických, výrobních nebo tržních výhod a společně posilovaly konkurenceschopnost průmyslového řetězce. Tohle zajistí fair play oběma zemím ohledně technologických, výrobních a tržních výhod i společné zlepšení konkurenceschopnosti průmyslu.

3) Posílení povědomí o spolupráci s třemi stranami napomůže k posunu vpřed zhejiangsko-české spolupráce do nové fáze, zejména při plném využívání specifické výhody České republiky v umístění a průmyslovém řetězci v Evropě, a vybuduje základy spolupráce mezi Zhejiangem, Českou republikou a dalšími zeměmi v západní a severní Evropě, společně rozvine mezinárodní trh a vytvoří vzor mnohostranné a vše prospěšné spolupráce.

C. Hlavní ekonomické subjekty

Ve vývozu dominují soukromé podniky, podniky se zahraničními investicemi vedou v dovozu a role společností poskytujících integrované obchodní služby je velmi výrazná.

Co se týče exportu v 2018, mezi dvacet největších exportérů do ČR patří: Panasonic Appliances Motor (Hangzhou) Co., Ltd., Yiwu Weshan Import and Export Co., Ltd., Asmo Hangzhou Xiaoshan Small Motor Co., Ltd., Zhejiang Cfmoto Power Co., Ltd., Mobiwire Mobiles (Ningbo) Co., Ltd., Hangzhou Sunrise Technology Co., Ltd., Zhejiang Ke'en Sanitární příslušenství Co., Ltd., Hangzhou Hikvision Digital Technology Co, Ltd, Zhejiang Zhaolong Cable Co, Ltd, Cixi Donggong Electric Co, Ltd, Ningbo Hongyi Electronics Technology Co., Ltd., Ningbo Haitian International Co., Ltd., Zhejiang Hailide New Material Co., Ltd., Nidec Shibaura (Zhejiang) Co, Ltd, Ningbo Timberword Company, China-Base Ningbo Foreign Trade Co., Ltd., Zhejiang Jemima Garments Co., Ltd., Yiwu Tangma Import and Export Co., Ltd., Ningbo NGP Industry Co., Ltd., Ningbo Boda Machine Co., Ltd. Co se týče povahy podnikání, 11 soukromých podniků z 20 největších exportních společností hraje významnou roli ve vývozech ze Zhejiangu do České republiky. Pokud jde o obchodní model, nové obchodní typy zahraničního obchodu, jako je zadávání zakázek na trh a přeshraniční elektronické obchodování, postupně rozšířily své obchodní měřítko. Podniky pro zahraniční obchodní služby hrají aktivní roli při podpoře rozvoje velkého počtu malých, středních a mikroobchodních podniků v zahraničním obchodě. Například Čína-Base Ningbo Foreign Trade Co., Ltd., je služba v oblasti zahraničního obchodu, který integruje zahraniční obchod, logistiku, finance, přeshraniční elektronické obchodování a zámořský sklad do jednoho. Ningbo také poskytuje malé, střední a mikro zahraniční podniky s integrovanými službami online a offline v celém rozsahu s cílem pomoci jim při otevírání českého a evropského trhu.

8

Zpráva o rozvoji hospodářské a obchodní spolupráce mezi provincií Zhejiang
a Českou republikou v rámci iniciativy „Pás a stezka" (2019)

Co se týče importu v 2018, mezi dvacet největších importérů z ČR patří: China Ningbo International Cooperation Co., Ltd., Kayaku Safety Systems (Huzhou) Co., Ltd., Ningbo Jintian Copper (Group) Co., Ltd., Key (Huzhou) Safety Systems Co., Ltd., Lego Toy Manufacturing (Jiaxing) Co., Ltd., Zhejiang Neoglory Jewelry Co., Ltd., Jiashan Sun-King Power Electronics Group Limited, Ningbo Leadgo E-commerce Co., Ltd., Ningbo Gongyi Alloy Co., Ltd., Hailun Piano Co., Ltd., Zhejiang Liuqiao Industrial Co., Ltd., AMO (Hangzhou) Co., Ltd., Ningbo Texoon Brassworks Co., Ltd., NBHX Trim China Co., Ltd., Zhejiang Ueasy Business Service Co., Ltd., Hangzhou Kator Foreign Trade Co., Ltd., Joyson (Changxing) Automotive Safety Systems Co., Ltd., KSK Automotive Components (Pinghu) Co., Ltd., Gezhouba Zhanci (Ningbo) Metal Industry Co.,Ltd., Zhejiang Army Joint Copper Limited.

Co se týče povahy obchodu, mezi 20 předních zhejiangských podniků s dovozem z České republiky patřilo 10 zahraničních podniků, čínsko-zahraničních společných podniků, společných podniků Tchaj-wanu, Hong Kongu a Macaa.

V porovnání s rokem 2017 dovoz Zhejiang z České republiky v roce 2018 vykázal rostoucí trend soustředěný v automobilovém průmyslu a součástkách a zpracování kovů atd. Mezi 20 největších podniků v Zhejiangu, které dovážely z České republiky, se čtyři společnosti zabývaly automobilovým průmyslem a automobilovými součástkami a tři byly zapojeny do obchodu s kovy a výrobky z kovu.

II. Situace v oblasti dvoustranných investic

A. České společnosti investující v provincii Zhejiang

Ke konci prosince 2018 je zde devadesát devět českých společností investujících v provincii Zhejiang. Naplánovány byly investice v hodnotě 97,05 mil. USD, uskutečněné investice dosáhly 79,82 mil. USD. Investice probíhaly převážně v oblastech oblečení a textilu, koženého oděvu, autodílů a příslušenství, pletených a tkaných výrobků z bavlny a chemických vláken a dalších souvisejících odvětví.

Hlavní české investiční projekty většího rozsahu jsou tyto:

1. Jinhua Guanhua Printing Garment Co., Ltd.

Společnost byla založena v srpnu roku 2002 na základě společné investice společností Guanghua Printing Factory & Czech Hengxiang Co., Ltd. se základním kapitálem ve výši 3 milionu USD, zabývající se publikací, obalovým a dekoračním tiskem. V současné době rozkvetla v pilířovou společnost polygrafického průmyslu v centrálním Zhejiangu. Jako jeden z klíčových podniků provincie na vývoz kulturních produktů a základnou se stabilními domácími i zahraničními zákazníky se jeho výrobky vyvážejí do Severní Ameriky, západní Evropy, jihovýchodní Asie, Středního východu a dalších regionů.

Jako hlavní subjekt české investice investovala v současné době česká společnost

Současná situace: Analýza současného stavu obousměrné hospodářské spolupráce mezi Zhejiangem a Českou republikou v roce 2018

9

Hengxiang Co., Ltd. do čtyř projektů v Číně, které se všechny soustředí v provincii Zhejiang. Celková investice dosahuje 29,3 milionů USD, což je více než třetina skutečné kumulativní české investice v Zhejiangu. Kromě společnosti Jinhua Guanghua Printing Garment Co., Ltd., budou následovat další tři projekty: Jinhua Guanhua Crystal Co., Ltd., založená v roce 2005 se skutečnou zahraniční investicí 21,6 milionů USD a je zapojena do výroby produktů z nekovových minerálů; Wenzhou Baiji Trading Co., Ltd., založená v roce 2008, se skutečnými zahraničními investicemi ve výši 4 milionů USD a zapojená do velkoobchodu svítidel a dekorativního zboží; Pujiang Hengjie Crystal Co., Ltd., založená v roce 2005 se skutečnou zahraniční investicí ve výši 700 tisíc USD a zabývají se manufakturou z umění a řemesel.

2. Ningbo Recticel Auto Parts Co., Ltd.

Společnost Ningbo Recticel Auto Parts Co., Ltd. byla založena v říjnu 2006 s investicí českou společností RECTICEL Interiors CZ s.r.o., se skutečnou zahraniční investicí ve výši 5 milionů USD. Zabývá se výrobou autodílů a náhradních dílů, jedná se o první investiční projekt Recticel v Číně. Jako největší výrobce polyuretanových hub v Evropě vyrábí Recticel vysoce kvalitní polyuretanovou pěnu a dodává interiérové komponenty pro všechny hlavní značky automobilů. Například je to dlouhodobý dodavatel sedadel a pěnových panelů přístrojové desky pro Mercedes-Benz a BMW. Společnost Ningbo Recticel Auto Parts Co., Ltd., která se zavázala k vývoji a výrobě automobilových součástek a interiérových doplňků, má v současné době roční výrobní kapacitu 2 milionů kusů palubních desek automobilů, které jsou dodávány automobilovým společnostem, jako jsou Shanghai Volkswagen, Citroën a Youngman.

B. Firmy z provincie Zhejiang investující[1] v ČR

Ke konci prosince 2018 bylo potvrzeno celkem devatenáct společnosti z provincie Zhejiang, které v ČR investují. Celkový objem investic dosáhl 359 mil. USD, z toho rekordní investice čínské strany dosáhly 358 mil. USD. Investováno bylo do velkoobchodního průmyslu, železnice, lodní přepravy, letectví a kosmického průmyslu, výroby ostatního dopravního vybavení, průmysl kovových výrobků a dalších odvětví.

Hlavní investiční projekty většího rozsahu provincie Zhejiang jsou tyto:

1. Wanxiang A123 (Česká) Co., Ltd.

Společnost Wanxiang A123 (Česká) Co., Ltd. byla založena v roce 2016 v Ostravě, Moravskoslezském kraji. V roce 2018 byla investice společnosti upravena na akciovou společnost Wanxiang 123 (Česká) s rekordní investicí 298 milionů USD. Zabývá se výrobou elektrických strojů a zařízení a hlavním úkolem je poskytovat lithiové bateriové moduly a systémy evropským zákazníkům.

A123 je profesionální dceřinou na výrobu lithium-iontové baterie. Wanxiang Group má výzkumné, výrobní základny a odbytiště v Michiganu a Massachusetts ve Spojených státech, v

---

1 Objem investic provincie Zhejiang je vypočten podle dostupných statistických údajů.

10

Zpráva o rozvoji hospodářské a obchodní spolupráce mezi provincií Zhejiang
a Českou republikou v rámci iniciativy „Pás a stezka" (2019)

čínském Hangzhou, německém Stuttgartu, v Ostravě v ČR a dalších místech. Dne 2. března 2017 A123 vykonala slavnostní zahájení provozu v továrně na lithiové baterie v České republice. Jako nedílná součást globálního uspořádání obchodní strategie A123 bude tato továrna spolupracovat s technologickým centrem ve Stuttgartu v Německu, aby lépe sloužila rozšiřujícímu se evropskému trhu, včetně Daimler Mercedes-Benz, Porsche, Jaguar Land Rover a dalších evropských automobilových společností. Ve strategickém schématu skupiny Wanxiang je Česká republika umístěna jako výrobní základna Evropy. Rostoucí financování A123 v roce 2018 českým společnostem představuje velmi specifické opatření k plné realizaci této strategie.

2. European Vigortec Co., Ltd.

Zhejiang se zavázala vytvořit Českou stanici iniciativy „Pásma a stezky" a vybudovat otevřený komplex logistických, obchodních, zpracovatelských, výrobních a dalších komplexních služeb sloužících funkcím servisního střediska, obchodního tranzitního a logistického centra. Cílem České stanice je plně využít regionální a průmyslové výhody České republiky při výstavbě nového euroasijského kontinentálního mostu. Na základě pokrytí Evropy Českou republikou podpoří hospodářský a obchodní rozvoj mezi Čínou a Evropou. V současné době je Č eská stanice iniciativy „Pásma a stezky" schválena jako zámořská provozní zóna provincie Zhejiang pro hospodářské a obchodní spolupráce.

European Vigortec Co., Ltd., jako zámořská platforma pro Českou stanici odpovídá za její výstavbu a provoz. Byla založena společností Zhejiang Vigortec Investment and Development Co., Ltd. s rekordní čínskou investicí ve výši 30 mil. USD, která se zabývá převážně obchodními službami.

Podle multifunkčního komplexního uspořádání je Česká stanice „Pásma a stezky" rozdělena do pěti dílčích projektů. Za prvé, nákladní dvůr, ve kterém jsou postaveny nákladní stanice a tratě, jsou exkluzivně využívány pro železnice, aby sloužily nákladní lince „Yiwu-Xinjiang-Europe (YXE)" a dalším středoevropským vlakům jako český úzel vlaků Čína-EU. Za druhé, logistický park, kde jsou stavěny zámořské sklady s funkcemi skladů, celních operací, přidělování, distribuce a inteligentní plánování v jednom. Zatřetí, obchodní park s evropským distribučním centrem pro „Made in Zhejiang" a střediskem pro sběr a dovoz evropských produktů, aby se rozšířil obousměrný obchod s dovozem a vývozem. Za čtvrté, průmyslový park, konkrétně výrobní základna pro nové produkty a výzkumná a vývojová základna pro průmyslová projektování v České republice, jakož i zóna zpracování výroby, vědecká a inovační funkční oblast pro zhejiangské podniky, které vstupují do Evropské unie. Za páté, integrovaný servisní park, který poskytuje jednorázové služby, jako je vědecká a technologická spolupráce, zveřejňování informací, celní řízení, finanční služby, ekonomické a obchodní poradenství, obchodní kancelář, kulturní výměna atd. Do konce roku 2018 zahájil oficiální provoz nákladní dvůr a logistický park jako podprojekt České stanice iniciativy „Pásma a stezky".

Současná situace: Analýza současného stavu obousměrné hospodářské
spolupráce mezi Zhejiangem a Českou republikou v roce 2018

11

3. Společnost Hangzhou XZB Tech (Europe) Co., Ltd.

Hangzhou XZB Tech (Europe) Co., Ltd. byla založena v roce 2017 společností Hangzhou XZB Tech Co., Ltd. v Ostravě, v Moravskoslezském kraji, v České republice, se základním kapitálem ve výši 5 milionů Kč (přibližně 200 tisíc EUR). Investice se bude postupně zvyšovat podle skutečné situace podnikání, přičemž konečný základní kapitál nepřesáhne více než 82 milionů Kč (přibližně 3,2 milionu EUR). Rekordní investice čínské strany činí 11,79 milionů USD. Podnikají v průmyslu kovových výrobků a hlavním úkolem je investovat do výstavby základen evropských projektů pro automobilové díly a jiné mechanické součásti.

XZB Tech (Europe) Co., Ltd. je evropská výrobní základna, která má za účel dále rozvíjet své mezinárodní podnikání, lépe reagovat na poptávku po službách evropských zákazníků a zvyšovat komplexní konkurenceschopnost společnosti. Základna bude vybavena pokročilým a moderním výrobním zařízením a vynikajícím týmem na zvýšení výrobní kapacity, posílení výzkumu a vývoje a služeb společnosti. V současné době se realizuje rekonstrukce, investice do vybavení a týmová výstavba. Očekává se, že bude uvedena do provozu v roce 2019, a roční rozsah výroby bude 1 milion sad hydraulického zdvihátka, válečkového vahadla a 2,5 milionu sad vysokotlakého zdvihátka čerpadla.

III. Situace v kulturní výměně

A. Spolupráce ve vzdělávání se pragmaticky prosazuje, její formy jsou stále bohatší, spolupráce se neustále prohlubuje

Na konci června 2018 patřily mezi školy rozvíjející spolupráci Zhejiangu s českými školami v oblasti vzdělávání především Zhejiangská univerzita, Zhejiangská technologická univerzita, Zhejiangská univerzita tradiční čínské medicíny, Zhejiangská univerzita Wanli, Hangzhouská elektrotechnická univerzita, Zhejiangská univerzita Gongshang, Wenzhouská univerzitá, Čínská Jiliangská univerzita, Zhejianská univerzita mezinárodních studií, Zhejiangská univerzita cizích jazyků Yuexiu, Zhejiangský finanční institut a další vysoké školy, jakož i Vzdělávací skupina Wenlan Zhejiang. V březnu 2018 bylo schváleno na Zhejiangské univerzitě zahraničních studií a Zhejiangskéuniverzitě cizích jazyků Yuexiu zřídit obor čeština k rozvíjení českých jazykových talentů. V červnu se v Ningbo konalo páté Fórum pro spolupráci ve vzdělávání mezi čínským Ningbo a zeměmi střední a východní Evropy, konkrétně Summit o spolupráci v oblasti vzdělávání v rámci iniciativy „Pásma a stezky", kde bylo podepsáno celkem 17 dohod o kooperaci ve vzdělání. Začala řada projektů spolupráce a platforem, jako je Silk Road International Business MOOC Development center, Aliance profesorů a podnikatelů mezi Čínou (Ningbo) a zeměmi střední a východní Evropy. Platforma pro výzkum a investiční spolupráci v oblasti městské infrastruktury mezi Čínou (Ningbo)-střední a východní Evropou byla také oficiálně zahájena. Univerzity Zhejiang Gongshang a University Wenzhou podepsaly spolupráci s Českou zemědělskou univerzitou v Praze. Centrála Konfuciova institutu a Čínská

12

Zpráva o rozvoji hospodářské a obchodní spolupráce mezi provincií Zhejiang
a Českou republikou v rámci iniciativy „Pás a stezka" (2019)

Jiliang univerzita společně s Vysokou školou finanční a správní v Praze podepsaly v listopadu dohodu o spolupráci za účelem založení Konfuciova institutu při Vysoké škole finanční a správní. 19. listopadu byl dokončen a otevřen Český pavilon v zhejiangském Finančním institutu s cílem vytvořit výstavní centrum a reklamu zhejiansko-české spolupráci a rozšířit povědomí o české kultuře. Také slouží jako pozoruhodná výuková základna pro mimoškolní aktivity, kde se studenti mohou učit českou kulturu, i jako přednáškový sál o zhejiangsko-české hospodářské a obchodní spolupráci, jakož i muzeum k zobrazení dynamických mezilidských výměn a přátelství mezi Zhejiangem a ČR. Zároveň stále více českých mladých lidí přišlo do Zhejiangu studovat. Postupně se rozvinula pluralistická struktura vzdělávací spolupráce mezi Zhejiangem a Českou republikou zahrnující různé typy vzdělávání od základního a odborného vzdělávání až po vysokoškolské vzdělávání formou krátkodobého výměnného programu, projektové spolupráce a řádný studijní program zakončený diplomem.

B. Turismus se dále rozvíjí dynamickým tempem a lze očekávat dividendy

Rok 2018 je rokem cestovního ruchu Čína-EU, a turismus v Číně a České republice se dále rozvíjí. Podle Českého statistického úřadu navštívilo Českou republiku v roce 2018 téměř 620 tisíc čínských turistů, což představuje nárůst o 26,5% ve stejném období loňského roku. Čína je na čtvrtém místě pro zahraniční turisty v České republice, hned po Německu, Slovensku a Polsku. Zpráva o velkých údajích o středoevropském turismu za rok 2018 vydaná Čínským institutem pro výzkum turismu společně se státními cestovními agenturami CITS a Huayuan ukazuje, že u čínských turistů Česká republika patří mezi 10 nejlepších evropských destinací a jednu z evropských cílových zemí s největším nárůstem počtu čínských turistů. Propagace a výměna obousměrného cestovního ruchu mezi Zhejiangem a ČR jsou také v plném proudu. V květnu 2018 uspořádalo Ningbo první slavnostní propagační akci s názvem „Město Ningbo, starobylý přístav hedvábné stezky" v Praze, hlavním městě České republiky, předvádělo hlubokou historickou tradici Ningbo a kouzlo „živé fosílie na hedvábné stezce". V červnu se v Ningbo uskutečnila konference o výměně cestovního ruchu mezi Čínou (Ningbo)-zeměmi středo-východní Evropy. Na setkání byla založena Aliance obousměrné propagace cestovního ruchu mezi jihovýchodním Zhejiangem a střední a východní Evropou. Byla podepsana dohoda o strategické spolupráci s Českou aliancí cestovního ruchu. Zhejiang současně v ČR aktivně propaguje též vlastní bohaté zdroje cestovního ruchu. Jak Zhejiang tak Česká republika mají nepřeberné množství vysoce kvalitních zdrojů v oblasti cestovního ruchu, což nabízí dobré vyhlídky pro budoucí spolupráci v oblasti cestovního ruchu mezi oběma stranami.

C. Formy kulturní výměny jsou stále bohatší a kontakty prohlubují spolupráce

V roce 2018, Zhejiang a Česká republika uskutečnily bohatou rozmanitost kulturních výměnných aktivit od výstavy obrazů, filmového promítání až po umělecká vystoupení.

Současná situace: Analýza současného stavu obousměrné hospodářské spolupráce mezi Zhejiangem a Českou republikou v roce 2018

13

V červnu kulturní skupina Zhejiangského finančního institutu vykonala přátelskou návštěvu České republiky. Umělecká vystoupení šířila čínskou tradiční kulturu a ukázala krásu čínského umění. Prostřednictvím tance „Západní jezero" a čajového představení „Přes oceán, abych vás uviděl", jakož i mono-akordového představení „Hangzhouský lid", seznámili český lid s jedinečným kouzlem tradiční čínské kultury a zvyklostmi a nádherou vodního města Jiangnan.

V srpnu provinční odbor kultury Zhejiang ve spolupráci s Moravskoslezským krajským úřadem České republiky pořádaly v Ostravě pod záštitou Velvyslanectví Čínské lidové republiky v České republice výstavu s názvem „Nádhera jezera a hory: tiskařský akvarel západního jezera", za účasti Muzea umění Zhejiang. Jednalo se o první výstavu čínské grafiky v České republice. Bylo vystaveno celkem 23 sad vodních maleb s tématem Západního jezera, které prohloubily místním lidem porozumění o historii a současnosti Západního jezera a zároveň ukázaly hory, vody, poezii a patos provincie Zhejiang a její dlouhou a hlubokou humanistickou tradici.

V září zahájil Zhejiang, zastoupený Zhejiangským úřad pro tisk, publikaci, rozhlas, film a televizi, v Praze filmový týden, během kterého bylo v pražském kině Evald a karlovarském divadle Windsor Lazne III Hall promítano šest filmů s výraznými rysy a rozlišnými styly, včetně *Sedmdesáti sedmi dnů, Konce léta, Krásného dětství, Detektiva Deeho: Čtyři nebeščí králové, Boha války* a *Detektiva lásky.* Během filmového týdne probíhaly obchodní diskuse a spolupráce mezi zhejiangemskými a českými filmovými a televizními podniky a průmyslem. Například filmová společnost Jiaping Hangzhou Zhejiang podepsala s českou filmovou společností smlouvu o společném natáčení filmu „*Láska v Praze*". Bohaté a pestré výměny mezi lidmi jsou efektivní cestou k posilování vzájemného porozumění mezi Zhejiangem a ČR, jejíž role v prohlubování základny pro oboustrannou spolupráci nemůže být nahrazena.

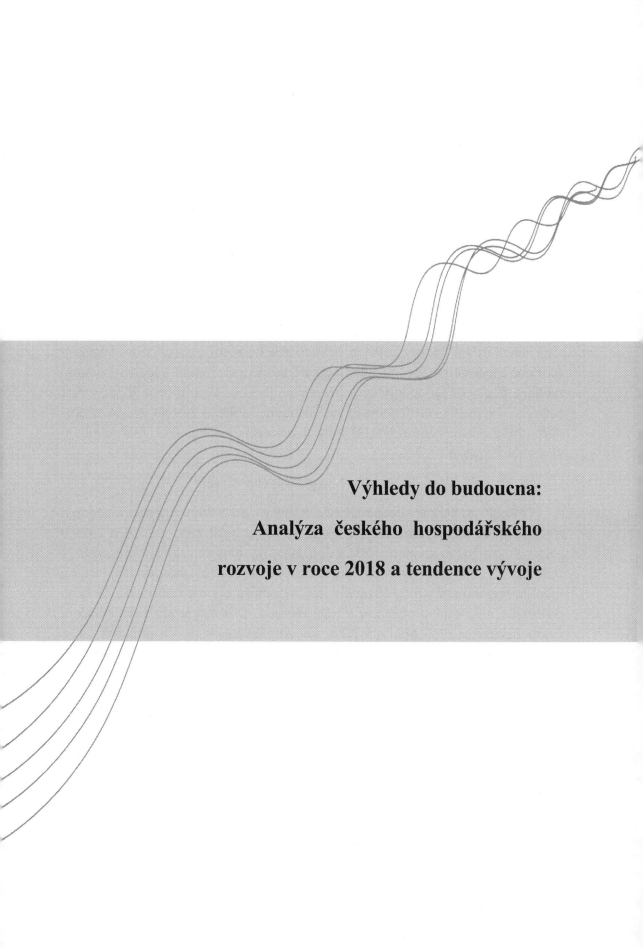

Výhledy do budoucna:

Analýza českého hospodářského

rozvoje v roce 2018 a tendence vývoje

Shrnutí obsahu

◆ **Přehled českého hospodářského rozvoje v roce 2018**

Česká ekonomika si v roce 2018 obecně udržela vzestupný trend, tempo růstu se však zpomalilo. HDP dosáhl 5,30 bilionu Kč a HDP na obyvatele činil 22 850,32 USD. Roční tempo růstu HDP bylo 2,9%, což bylo pomalejší než 4,5% v roce 2017. K růstu českého HDP nejvíce přispěla zpracovatelská výroba, zejména odvětví jako je automobilový průmysl, elektronika a optické výrobky.

Hlavní hybné faktory českého hospodářského růstu v roce 2018 zůstaly ve spotřebě a investicích. Spotřeba domácností rychle rostla i vládní výdaje se výrazně zvýšily a poptávka po podnikových investicích je stále silná. V roce 2018 se růst českého vývozu i dovozu zpomalil, ale obchodní struktura zůstala stabilní a 80% obchodu se uskutečnilo v rámci EU. Inflační tlaky stále existují a měnová politika je také v těsném stavu.

◆ **Prognóza trendu českého hospodářského rozvoje**

Celkový růst českého hospodářství zůstane v roce 2019 nezměněn, ale tempo růstu se bude dále zpomalovat. Očekává se, že se HDP zvýší v 2019 o 2,4% a zůstane nezměněno na 2,4% v 2020. Spotřeba, zejména spotřeba domácností, je stále silná, vládní spotřeba bude nadále růst a investice zůstanou aktivní, i když v menším rozsahu než v roce 2018. V roce 2019 může být míra příspěvku českého dovozního a vývozního obchodu k HDP záporná. Očekává se, že míra inflace v Česku zůstane v 2019 přibližně 2,3% a v roce 2020 klesne na přibližně 1,6%. Předpokládá se, že míra nezaměstnanosti v Česku zůstane v roce 2019 a 2020 na 2,2%.

Mezi příznivé faktory českého hospodářského růstu v 2019 patří zejména vysoká ekonomická stabilita, dostatečná hybnost investičního růstu, inovace + digitální strategie atd. Nepříznivé faktory zahrnují zejména eskalaci globálního protekcionismu obchodu, negativní dopad Brexitu, inflační tlak a nedostatek domácích pracovních sil atd.

Česká

Česká ekonomika v roce 2018 udržela celkový vzestupný trend, ale tempo růstu se zpomalilo. Tento trend bude zachován i v roce 2019 a růst se dále zpomalí. V roce 2018 dosáhl růst českého HDP 2,9% a očekává se, že v roce 2019 klesne na 2,4%. Spotřeba a investice zůstávají hlavními hybnými faktory českého hospodářského růstu, přičemž spotřeba domácností je plná podnětů a důvěra spotřebitelů zůstává na vysoké úrovni, zejména díky neustále rostoucím disponibilním příjmům. Vládní výdaje se značně zvýšily. Pokud jde o investice, firemní poptávka je stále silná a vládní veřejné investice se budou i nadále zvyšovat. Míra inflace v České republice v roce 2018 nadále vykazuje sestupný trend, inflační tlak v České republice však v roce 2019 stále existuje. Vlivem vnitřních a vnějších faktorů se tempo růstu dovozního a vývozního obchodu v roce 2018 zpomalilo, přičemž vnější dopad byl zřetelnější. V roce 2019 je situace českého dovozního a vývozního obchodu ještě vážnější kvůli obchodnímu tření a Brexitu.

I . Přehled českého hospodářského rozvoje v roce 2018

A. Česká ekonomika byla na vzestupu v roce 2018 s pomalým tempem růstu

V roce 2018dosáhla celková hodnota českého hrubého domácího produktu 5,30 bilionu Kč. (242,052 miliard USD) a HDP na obyvatele činil 22 850,32 USD, což je 2,33 násobek čínského HDP na obyvatele. Roční tempo růstu HDP bylo ve výši 2,9%, což je vyšší než prognóza růstu HDP na celý rok 2,8% od Ministerstva financí ČR, ale bylo pomalejší než 4,5% růstu v roce 2017.

Česká ekonomika měla dobrý start v prvním čtvrtletí roku 2018, kdy růst HDP ve stejném období loňského roku činil 4,2%, ve druhém a třetím čtvrtletí byl ovlivněn rostoucími náklady na pracovní sílu a zvyšující se nejistotou ve vnějším ekonomickém prostředí, míra růstu HDP klesla na 2,4% a 2,5%. Růst českého HDP ve čtvrtém čtvrtletí opět vzrostl na 2,8%, hlavně díky pozitivním faktorům, jako je růst dovozu, vývozu a vládních výdajů, míra růstu HDP ve čtvrtém čtvrtletí roku 2018 činil 1,0%-nejvyšší tempo růstu v posledních šesti čtvrtletí.

Zpráva o rozvoji hospodářské a obchodní spolupráce mezi provincií Zhejiang
a Českou republikou v rámci iniciativy „Pás a stezka" (2019)

Z pohledu průmyslu nejvíce přispívá k růstu českého HDP zpracovatelský průmysl, který je skutečným pilířovým průmyslem v České republice. Jak ukazuje obrázek 2-1, v roce 2018 vytvořil český zpracovatelský průmysl celkovou výstupní hodnotu 1,29 bilionu Kč, což představuje 24,19% (asi 1/4) celkového ročního HDP. K růstu HDP významně přispěly zejména automobilový průmysl, elektronické a optické výrobky a další průmyslová odvětví. Po nich následuje obchod, přeprava a skladování a stravovací služby s 16,85%. Míra příspěvku k HDP v oblasti veřejné správy, školství, zdravotnictví a sociálních služeb byla 13,86% a podíl příspěvků odvětví nemovitostí a stavebnictví na HDP byl 7,89%, resp. 4,87%. Zvýšil se podíl telekomunikačního průmyslu na HDP, přičemž roční výstupní hodnota činila 4,65% celkového HDP v roce 2018.

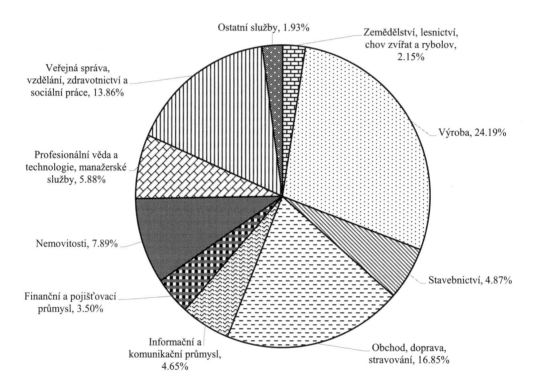

Obrázek 2-1   Distribuce českého HDP v průmyslu v roce 2018
(**Zdroj:** Český statistický úřad)

B. Poptávka po potřebě a investici jsou velké a trh zůstává aktivní

V roce 2018 se v České republiky udržoval pokračující trend růstu a spotřeba a investice zůstaly hlavními silami hospodářského růstu (obrázek 2-2). Celková spotřeba za celý rok dosáhla 165,656 mld. USD, což představuje meziroční nárůst o 10,26% a na celkovém HDP připadá 68,44%. Spotřeba domácností zůstala dynamická. Roční celková spotřeba domácností dosáhla 114,982 mil. USD, což představuje 69,41% celkové spotřeby, meziroční nárůst o 8,75%, to naznačuje, že důvěra spotřebitelů zůstala na vysoké úrovni, která je způsobena zejména zvyšujícím se disponibilním příjmem českých domácností. V prosinci 2018 zveřejnil Eurostat žebříček skutečného indexu PCE (výdaje na osobní spotřebu) členských států EU. Česká republika se umístila na druhém místě mezi jedenácti zeměmi střední a východní Evropy Evropské unie, po Litvě, a výše než Slovinsko, Polsko a další země.

V roce 2018 došlo k výraznému nárůstu vládních výdajů na spotřebu České republiky, ve výši 49,048 miliard USDza celý rok, nárůst o 5,9 mil. USD oproti roku 2017, což představuje meziroční nárůst o 13,71%. Hlavním důvodem bylo to, že období před vytvořením nové vlády, od října 2017 do července 2018, bylo řízeno prozatímní vládou, která měla jistý dopad na uspořádání výdajů státního rozpočtu. Očekává se, že růst vládních výdajů bude pokračovat až do hlavních voleb roku 2021.

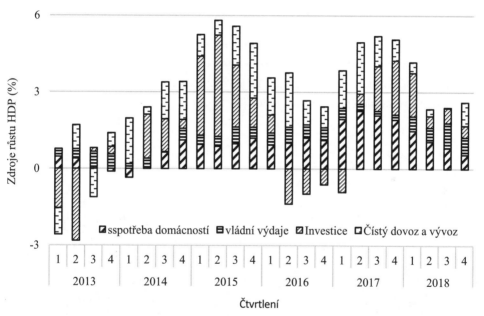

Obrázek 2-2   Zdroje reálného růstu HDP České republiky (2013—2018)
(**Zdroj:** Český statistický úřad)

Pokud jde o investice, s velkou podnikovou poptávkou si poměr tvorby fixního kapitálu udržuje vysokou míru růstu 10,1%. Česká investice vzrostla za rok 2018 o 64,063 mld. USD, představuje nárůst o 4,365 mld. USD ve stejném období loňského roku, s nárůstem o 7,31%, kde se jednalo zejménao investice do stavebnictví a strojních zařízení. Nárůst podnikových investic je řízenpředevším třemi faktory: zaprvé, byl konečně schválen nový návrh rozpočtu EU v květnu 2018, čímž manifestuje finanční podporu evropské struktury a investičních fondů členským státům EU; zadruhé, inherentní poptávka po technologických inovacích v českých soukromých podnicích je povzbuzuje ke zvýšení investic a posílení technologické transformace; zatřetí, Česká republika má v současné době nízkou úroveň reálné úrokové sazby a vysoké náklady na pracovní sílu. Srovnání těchto dvou způsobuje, že kapitál je relativně malý ve srovnání s náklady na pracovní sílu, takže podniky mají sklon přijímat strategii „nahrazení stroji". V důsledku toho dosáhl růst českých investic v roce 2018 svého vrcholu v posledních letech.

C. Tempo růstu dovozu a vývozu se zpomalilo a obchodní struktura zůstala stabilní

Globální finanční krize a jí vyvolaná celosvětová ekonomická oscilace měla velký dopad na českou ekonomiku, v letech 2012 a 2013 zaznamenal český HDP negativní růst. Až od roku 2014 se česká ekonomika silně odrazila s mimořádným hospodářským zotavením mezi členskými státy EU. K tomuto trendu přispěl rychlý růst dovozu a vývozu, který v roce 2017 dosáhl vrcholu. V roce 2018 se vlivem vnějších nejistot snížilo tempo růstu českého dovozu a vývozu. Statistika Eurostatu ukázala, že zisk České republiky v dovozu a vývozu zboží za celý rok 2018 (obrázek 2-3) činí 387,532 mld. USD, což představuje meziroční nárůst o 12,13%, z toho vývoz v hodnotě 202,630 mld. USD, meziroční nárůst o 11,19% a dovoz v hodnotě 184,902 mld. USD, v meziročním srovnání vzrostl o 13,18%. Přebytek obchodní bilance činil 17,728 mld. USD, což představuje meziroční pokles o 6,01%.

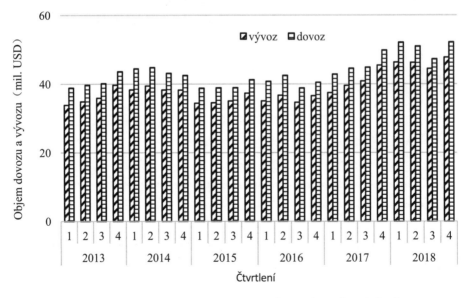

Obrázek 2-3   Rozsah českého dovozního a vývozního obchodu
(**Zdroj:** Český statistický úřad)

V roce 2018 bylo zpomalení tempa růstu českého dovozního a vývozního obchodu výsledkem kombinovaného působení vnitřních a vnějších důvodů, z nichž vnější důvody hrály výraznější roli. Vnitřní důvody se odrážejí zejména ve zvyšujících se nákladech výroby a omezené výrobní kapacitě, které jsou způsobeny nedostatkem pracovních sil v České republice, a tím pádem ovlivňují vývozní kapacitu a mezinárodní konkurenceschopnost. Mezi vnější důvody patří zejména obnovení protekcionismu ve Spojených státech amerických, což vyvolává obavy z obchodních válek po celém světě a tento pesimismus ovlivňuje rozsah nových podnikových objednávek; a obchod zemí EU se Spojeným královstvím byl ovlivněn Brexitem. Navíc rostoucí ceny energetických produktů, zejména zemního plynu a elektřiny, vedly k vyšším vývozním nákladům. Český exportní obchod byl ovlivněn kombinovaným účinkem vnitřních a vnějších faktorů.

V rámci EU uskutečňuje více než 70% českého obchodu se zbožím. Český vývoz do EU (28 zemí) v roce 2018 činil 170,494 mld. USD, což představuje 84,14% z jeho celkového vývozu, a nárůst o 11,58%, zatímco dovoz z EU (28 zemí) byl 119,139 mld. USD, což představuje 64,43% jeho celkového dovozu, a nárůst o 10,73%. Mezi pět největších českých vývozních cílových zemí patří Německo (32,39%), Slovensko (7,56%), Polsko (6,05%), Francie (5,11%) a Spojené království (4,68%). Německo má absolutní dominanci v českém importním a exportním obchodu. Čína je 17. cílovou vývozní zemí České republiky. Česká republika vyvážela do Číny v průběhu roku 2,58 mld. USD zboží. Mezi hlavní exportní komodity patří jaderné reaktory, kotle, strojní a mechanické zařízení a náhradní díly, elektrické přístroje, záznamové zařízení a jejich součásti, optické, fotografické, filmové, měřicí nástroje a další zařízení, dřevo nebo papírovina, motorová vozidla a náhradní díly mimo železniční nebo tramvajové tratě. Mezi prvních pět zemí českého dovozu patří Německo (24,95%), Čína (14,23%), Polsko (7,64%), Slovensko (4,96%) a Itálie (4,12%). V roce 2018 dovezla Česká republika zboží z Číny ve výši 26,049 mld. USD s obchodním deficitem 23,465 mld. USD. Mezi hlavní dovozní artikly patřily elektrická zařízení, záznamová zařízení a jejich náhradní díly, jaderné reaktory, kotle, stroje a mechanická zařízení a náhradní díly, hračky, hry a sportovní vybavení a náhradní díly, nepletené nebo háčkované oděvy a doplňky, vozidla a náhradní díly mimo železniční nebo tramvajové tratě.

Z pohledu směnného kurzu česká koruna v roce 2018 pomalu klesala. Postupně klesala z 25,402 Kč/EUR v prvním čtvrtletí na 25,862 Kč/EUR ve čtvrtém čtvrtletí. Jako exportně orientovaná země těžila Česko z umírněného poklesu směnného kurzu prospěch, který přispěl k rozšíření vývozu. Oživení českého dovozního a vývozního obchodu ve 4. čtvrtletí také do určité míry odráželo dopad poklesu kurzu.

D. Inflační tlaky přetrvávají a měnová politika zůstává přísná

Podle Českého statistického úřadu byla míra české inflace v roce 2018 (obrázek 2-4) 2,1%, což je o 0,4 procentního bodu nižší než v roce 2017, ale v posledním desetiletí v České republice to byl stále ještě rok vyšší inflace, zejména kvůli rostoucím cenám bydlení, paliv, potravin, nápojů, tabáku, stravování a ubytování v roce 2018. Česká národní banka stanovila

22

Zpráva o rozvoji hospodářské a obchodní spolupráce mezi provincií Zhejiang
a Českou republikou v rámci iniciativy „Pás a stezka" (2019)

jako regulační cíl míru inflace ve výši 2% a bedlivě monitoruje úroveň inflace a povoluje 1 procentní bod nahoru a dolů. Vzhledem k tomu, že inflace dosáhla na konci roku 2017 rekordního maxima 2,5%, Česká národní banka nadále zpřísňovala měnovou politiku s cílem omezit inflaci.

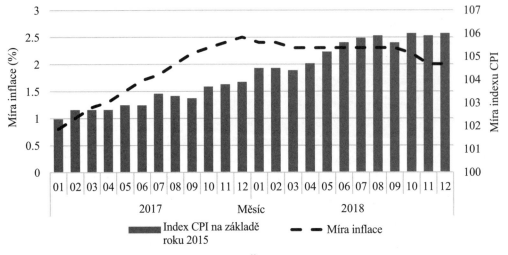

Obrázek 2-4   Český index CPI

(**Zdroj:** Český statistický úřad)

Česká inflace byla v roce 2018 na poklesu, přičemž míra inflace v listopadu 2018 klesla na 2% a Česká národní banka také dočasně pozastavila osmou operaci zvýšení dvoutýdenní repo sazby (obrázek 2-5). Ve skutečnosti od počátku globální finanční krize v letech 2008 až 2017 pokračovala Česká národní banka v realizaci uvolňovacích politik po desetiletí, přičemž mezibankovní dvoutýdenní repo sazby klesaly z 3,5% v roce 2008 na nízkou sazbu 0,05% od listopadu 2012 až do srpna 2017. V srpnu 2017 zvýšila Česká národní banka svou dvoutýdenní repo sazbu na 0,25%, protože míra inflace překročila regulativní rozsah centrální banky a přiměla Českou národní banku k zpřísnění měnové politiky. Bylo to poprvé od roku 2008, kdy Česká národní banka zvýšila úrokové sazby. Od té doby byl otevřen vzestupný kanál úrokových měr. Česká národní banka zvýšila úrokové sazby sedmkrát v srpnu a listopadu 2017, v únoru, červnu, srpnu, září a listopadu 2018, dvoutýdenní repo sazba se zvýšila na 1,75%. V prosinci 2018 zůstala česká inflace na úrovni 2% a Česká národní banka dočasně udržela hlavní úrokové sazby beze změny. Jelikož se však ekonomika nadále zlepšovala a spotřeba a investice byly aktivní, Česká národní banka v květnu 2019 opět zvýšila dvoutýdenní repo sazbu o 25 bazických bodů na 2 . Byla to již poosmé za 20 měsíců, kdy Česká národní banka zvýšila úrokové sazby.

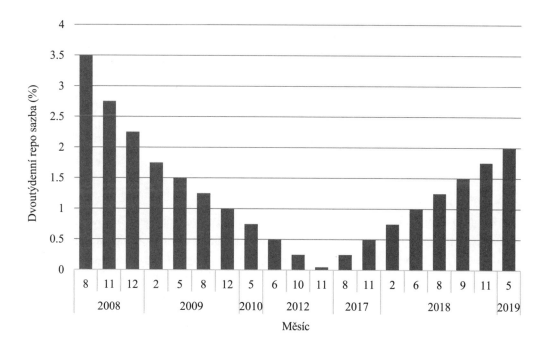

Obrázek 2-5   Dvoutýdenní změny repo sazby České národní banky
(**Zdroj:** Česká národní banka)

II. Prognóza trendu českého hospodářského rozvoje na rok 2019

A. Celkový trend

Celková míra růstu českého hospodářství zůstane v roce 2019 nezměněná, tempo růstu se však dále zpomalí. Poslední prognóza Ministerstva financí České republiky v dubnu 2019 opět snížila předpověď růstu českého HDP v roce 2019, z 2,5% předpovězeného v lednu na 2,4% a růst HDP v 2020 zůstane na 2,4%, což bude nejnižší tempo růstu HDP od roku 2014 (viz. Tabulka 2-1). Spotřeba je důležitým hybným faktorem českého hospodářského růstu, zejména díky silné podpoře spotřeby domácností a mimořádně nízké míry nezaměstnanosti a prudkému nárůstu důchodů zajišťujících pojištění pro spotřebu české domácnosti. Také vládní výdaje budou nadále růst a investice zůstanou aktivní, i když v menší míře než v roce 2018. V roce 2019 může být míra příspěvku českého dovozího a vývozního obchodu k HDP záporná.

Od počátku roku 2017 se růst indexu spotřebitelských cen vznášel na plovoucím stropě dvouprocentního inflačního cíle České národní banky. Očekává se, že míra inflace v ČR zůstane v 2019 přibližně 2,3% a v 2020 by měla klesnout na přibližně 1,6%. Přepokládá se, že míra nezaměstnanosti zůstane v letech 2019 a 2020 na 2,2%.

Tabulka 2-1   Úprava odhadu růstu českého HDP (2017—2020)

Rok a prognóza	2017	2018	2019	2020	2018	2019
		poslední prognóza			předchozí odhad	
Míra růstu GDP (%)	4,3	2.9	2.4	2.4	2.8	2.5

(Zdroj: Ministerstvo financí ČR)

B. Příznivé factory

1. Vysoká stabilita české ekonomiky

Program monitorování Evropy vydaný skupinou Allianz, provedl celkové hodnocení fiskální udržitelnosti, konkurenceschopnosti, zaměstnanosti a produktivity a zahraničního dluhu zemí EU. Z výsledků vyplývá, že vzhledem k nízkým závazkům a aktivním podmínkám na trhu práce v soukromém a veřejném sektoru má Česká republika index ekonomické stability a zdravotního stavu 7,8, který se řadí na čtvrtém místě v Evropě, po Německu, Nizozemsku a Slovinsku, nad průměrem EU (6.8).

2. Dostatečná dynamika růstu investic

Podle rozpočtového plánu 2019 vyhlášeného Ministerstvem financí ČR se kapitálové výdaje dále zvýší, což vyžaduje zvýšení alokace investic o 36% v rozpočtu na rok 2019. Český premiér Andrej Babiš navíc uvedl, že 11letý národní investiční plán zahrnující 17 000 projektů s celkovou investicí 3,45 bilionu Kč je v současné době v závěrečné fázi plánování. Tento plán, týkající se infrastrukturních projektů ve více odvětvích, zahrnuje finanční prostředky zhruba dvojnásobné oproti ročním státnímu rozpočtu České republiky, z nichž přibližně 2 biliony Kč budou použity na dopravní infrastrukturu. Více než polovina finančních prostředků bude investována do výstavby vnitrostátních železnic a většina zbývajících prostředků bude použita na silniční infrastrukturu. Současná česká vláda doufá, že do konce svého funkčního období v roce 2022 utratí 1,23 bilionu Kč, takže je možné předpokládat, že veřejné investice české vlády se budou v příštích několika letech dále zvyšovat.

3. Inovace + digitální strategie

V roce 2018 Česká republika vydala *Digital Czech Republic v.2.0—Cesta k digitální ekonomice* za účelem aktualizace politiky státní digitální transformace, včetně podpory rozvoje vysoce kvalitní infrastruktury, dalšího rozšiřování digitálních služeb a podpory digitální gramotnosti a zavazují se k dalšímu rozvoji moderních technologií a služby v oblasti IKT. V únoru 2019 zveřejnila Rada pro výzkum, vývoj a inovace (CRDI) vlády ČR *Země pro budoucnost: Inovační strategii České republiky 2019—2030*, jejímž cílem je učinit z České republiky lídra v oblasti inovací v Evropě. Strategie má devět pilířů, včetně výzkumu a vývoje, digitalizace, duševního vlastnictví, inteligentních investic a marketingu, výzkumu a vývoje pro daňové odpočty, podpory „inovačního řetězce"od základního výzkumu po konečnou inovaci a jeho návratu k vědeckému výzkumu a propagaci české technologie v zahraničí. Tento vývoj digitalizace je v souladu se strategií„Digital Czech". Vydávání těchto dvou strategií přinese větší impuls české průmyslové modernizaci.

C. Nepříznivé factory

1. Eskalace ochrany obchodu

Celosvětová obchodní tření měla negativní dopad na český ekonomický vývoj, především má dopad americko-evropská obchodní situace. V červnu 2018 Donald Trump hrozil uvalením cel na dovoz automobilů sestavených v Evropské unii do USA, které by se týkaly automobilů a autodílů vyvážených z Evropy do Spojených států amerických v hodnotě 53 miliard USD. Původní okno zdanění bylo 18. května 2019. Jako velký automobilový vývozce v Evropě, zejména v Německu, bude Česká republika přímo ovlivněna poklesem evropského vývozu do Spojených států amerických. Na druhé straně má rovněž dopad čínsko-americká obchodní situace. Eskalace obchodní války mezi USA a Čínou ovlivní celosvětový průmyslový řetězec. Čína a Spojené státy jsou důležitými obchodními partnery v Evropě, včetně České republiky, a spolupráce mezi podniky obou stran v horní a dolní části průmyslového řetězce se obtížně odděluje. Jako exportně orientovaná ekonomika je ekonomický růst ČR zjevně ovlivněn mezinárodní tržní situací.

2. Brexit

Brexit bude mít nepříznivý dopad na českou ekonomiku. Podle Ministerstva financí ČR, pokud Británie přijme „Brexit bez dohody", bude se tempo ekonomického růstu v ČR snižovat o 0,6 až 0,8 procentního bodu a tempo růstu HDP klesne pod dvě procenta v roce 2019. Dopady Brexitu na českou ekonomiku zahrnují především: za prvé, přímý dopad. Česká republika je typická exportně orientovaná ekonomika a zahraniční poptávka byla vždy jedním z důležitých hnacích motorů jejího ekonomického růstu. Velká Británie je od roku 2000 v prvních šesti hlavních cílových zemích českých exportů. V roce 2018 vyvážela Česká republika do Velké Británie 9,458 miliard USD. Dalším rozdělením struktury obchodních statků mezi Spojené království a Českou republiku se zjistilo, že Brexit bude vážně ovlivňovat hlavní odvětví českého vývozu. V roce 2018 byly hlavními komoditami České republiky vyváženými do Spojeného království vozidla a součástky mimo železniční nebo tramvajovou dopravu, přičemž vývozy dosáhly 2,665 miliard USD, což představuje 28,17% celkového vývozu Spojeného království ve stejném období. Na druhém a třetím místě se zařadily jaderné reaktory, kotelní stroje a mechanická zařízení, elektrické stroje a zařízení a jejich součásti, které v roce 2018 představovaly 24,04% a 19,24% celkového vývozu do Spojeného království. Je známo, že automobilový a strojní průmysl jsou hlavními průmyslovými odvětvími české národní ekonomiky. Pokud bude export výše uvedených průmyslových odvětví blokován kvůli Brexitu, bude mít rozhodně výrazný dopad na český ekonomický růst. Za druhé, nepřímý dopad. V důsledku incidentu Brexit se zvýšila nejistota ekonomického vývoje v Evropě. V zemích EU, ať

26

Zpráva o rozvoji hospodářské a obchodní spolupráce mezi provincií Zhejiang
a Českou republikou v rámci iniciativy „Pás a stezka" (2019)

už v hlavních vyspělých zemích, jako je Německo a Francie, nebo v jiných zemích střední a východní Evropy, jako je Česká republika a Polsko, ekonomické výkyvy jednotlivých zemí nadále ovlivňují ostatní sousední země prostřednictvím přenosového mechanismu. Proto je vnější prostředí, kterému Česká republika čelí, není nejen negativním dopadem způsobeným sníženou poptávkou ze strany Spojeného království, ale také dopadem vzájemného působení mezi evropskými zeměmi. Pokud Spojené království uskuteční „Brexit bez dohody", bude rozpočet příjmu EU na období 2014–2020 vážně ovlivněný, což povede ke zvýšení částky placené členskými státy Evropské unii. Co se týče České republiky, roční výdaje v EU se zvýší na 3 miliardy Kč (přibližně 140 milionů USD).

3. Inflační tlak

Český inflační tlak existuje i v roce 2019 a měnová politika centrální banky je stále utahována. Hlavní důvody jsou následující: na jedné straně bude vzhledem k současnému růstu cen energie, jako je zemní plyn a elektřina, hrát roli mechanismus převodu cen, což povede ke zvýšení nákladů na řadu výrobních linek i na ceny komodit. Na druhé straně, v důsledku špatné sklizně způsobené suchem a nízkými srážkami v České republice v roce 2018, ceny potravin porostou a dále zvýší míru inflace. Kromě toho nedostatek pracovních sil komplikuje český ekonomický rozvoj a trávicí kapacita podniků je omezena, některé náklady budou přeneseny na spotřebitele a cenová hladina se dále zvýší.

4. Nedostatek domácí pracovní síly

V současné době čelí všechny země ve střední Evropě určité míře nedostatku pracovních sil, zejména nedostatku kvalifikovaných pracovníků. Podle statistik Ministerstva práce a sociálních věcí ČR pracuje v České republice v současnosti 500 tisíc cizinců, z toho 7 000 z Německa, 15 000 ze Spojeného království, Itálie a Španělska a 12 500 ze Slovenska. Avšak 80% cizinců jsou nekvalifikovaní pracovníci, kteří nemají technické dovednosti, zejména z Ukrajiny, Rumunska a dalších zemí. Proto je mezera v zaměstnanosti kvalifikovaných pracovníků v různých průmyslových odvětvích v České republice stále velká. Poslední údaje ukazují, že míra české nezaměstnanosti v prosinci 2018 byla pouze 2,2%, oproti stejnému období loňského roku se snížila o 0,2 procentního bodu. Mezi nimi je nezaměstnanost mužů pouze 1,8% a u žen 2,6%. Mzdy českých pracovníků v roce 2018 nadále rostly. Průměrný měsíční plat činil 32 147 Kč (přibližně 1 479 USD), meziročně se zvýšil o 5%. Mzdové náklady placené podniky se zvýšily o 9%. Nedostatek pracovních sil bude po určitou dobu pokračovat a bude omezovat další hospodářský růst.

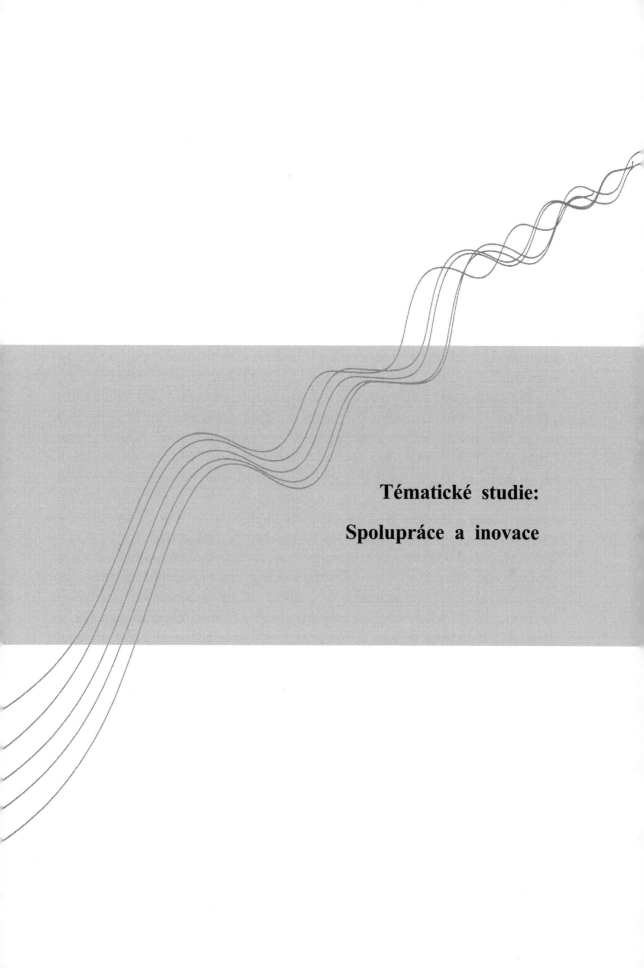

Tématické studie:

Spolupráce a inovace

Zpráva o rozvoji hospodářské a obchodní spolupráce mezi provincií Zhejiang a Českou republikou v rámci iniciativy „Pás a stezka" (2019)

28

Shrnutí obsahu

◆ **Analýza bilaterální hospodářské a obchodní spolupráce od navázání diplomatických vztahů mezi ČLR a ČR v posledních 70 letech**

V roce 2019 připadá 70. výročí navázání diplomatických vztahů mezi Čínskou lidovou republikou a Českou republikou. V uplynulých 70 letech hrála hospodářská a obchodní spolupráce mezi oběma zeměmi pozitivní roli při podpoře rozvoje bilaterálních vztahů. Díky čínské reformě a otevření se světu se čínsko-česká hospodářská a obchodní spolupráce prohloubila. Lze ji rozdělit do čtyř etapy, konkrétně 1978–1992, 1993–2000, 2001–2011 a 2012 až dosud.

Škála bilaterálního obchodu mezi Čínou a Českou republikou za podpory vlády a řízení trhu se stále zvětšuje a komoditní struktura je průběžně optimalizována. I přesto lze nalézt určité nedokonalosti. V této fázi jsou hlavními rysy čínsko-českého dvoustranného obchodu: rozsah obchodu se rozšiřuje; obchodní nerovnováha je zřejmá; obchodní komodity jsou vysoce koncentrovany; trend průmyslového agregace je zřejmý; obchodní Komoditní struktura je neustále optimalizována a závislost průmyslových řetězců se na obou stranách vylepšuje. V zájmu dalšího prosazování pozitivního vývoje dvoustranného obchodu by Čína a Česká republika měly prohloubit komplexní spolupráci klíčových odvětví z hlediska průmyslového řetězce; měly by věnovat pozornost, aby se neomezovaly pouze na dvoustrannou výrobní spolupráci, a zaměřit se na průmyslovou spolupráci výzkumu a vývoje, navrhování, technologie, služeb a řízení v oblasti výroby; dále je třeba posílit základní výzkum, popularizaci, dvoustranné porozumění a vládní služby.

◆ **Analýza inovační a rozvojové strategie České republiky (2019—2030)**

Inovační strategie České republiky byla vytvořena Radou pro výzkum, vývoj a inovace (RVVI), společně s českým vládním úřadem, Ministerstvem průmyslu a obchodu, Ministerstvem zemědělství a dalších 11 státními institucemi a asociacemi, a za podpory Akademií věd ČR, České vysoké učení technické v Praze (ČVUT), Českomoravské záruční a rozvojové banky atd. Jedná se o vícestranný konsenzuální dokument, který vytváří Česká vláda, podniky, university, vědecké a výzkumné ústavy.

Cílem strategií je vybudovat a zařadit Českou republiku mezi inovační lídry Evropy do roku 2030. Za tímto účelem Inovační strategie se skládá z devíti navzájem provázaných pilířů, které zahrnuje vybudování České republiky jako země výzkumu a vývoje, polytechnického vzdělávání, národního startup, digitalizace, inovačního a výzkumného centra, chytré investice, ochrany duševního vlastnictví, mobility a stavebního prostředí a chytrého marketingu. Lze ji shrnout do jednoho cíle, tří strategických směrů a osmi strategických sektorů: Vláda ČR zavedla systém záruční podpory, který se skládá ze tří ochranných opatření a dvou podpůrných systémů vedoucí k naplnění strategie rozvoje a inovace.

Ⅰ. Analýza bilaterální hospodářské a obchodní spolupráce od navázání diplomatických vztahů mezi ČLR a ČR v posledních 70 letech

Čína navázala diplomatické vztahy s Československem 6. října 1949. V roce 1993 se Česká republika stala samostatným suverénním státem, s nímž Čína navázala diplomatické vztahy na velvyslanecké úrovni. V roce 1994 podepsaly Čína a Česká republika dohodu o výměně, která potvrzuje, že smlouvy a dohody uzavřené mezi Čínou a Československou federací zůstaly v platnosti. V březnu 2016 podepsali státní představitelé ČLR a České republiky „Společné prohlášení Čínské lidové republiky a České republiky o založení strategických partnerství". Rok 2019 je 70. výročí založení diplomatických vztahů mezi oběma zeměmi. Za 70 let byla hospodářská a obchodní spolupráce spojovacím článkem obou zemí a hrála pozitivní roli při podpoře rozvoje bilaterálních vztahů.

A. Vývoje bilaterálního obchodu mezi Čínou a Českou republikou

Hospodářská a obchodní spolupráce mezi Čínou a Českou republikou má dlouhou historii. Bilaterální hospodářská a obchodní spolupráce sahá až do období Československé republiky s historií 100 let. Před rokem 1920 obchodovala Čína s Československem prostřednictvím britských a rakouských společností třetích stran. V roce 1930 národní vláda v Nankingu a Československo podepsaly dvoustranné obchodní dohody, které označují formální zahájení bilaterálního obchodní spolupráce. Jednalo se především o vojenské zboží a výrobní zařízení. Po založení nové Číny podepsaly Čína a Československo dvoustranné obchodní dohody a dohody o vědeckotechnické spolupráci. V padesátých letech se čínsko-český obchod nadále rozrůstával a obchod s dovozem a vývozem zůstal vyrovnaný. V šedesátých letech se rozsah bilaterálního obchodu dramaticky zvýšil a dosáhl osminásobného objemu než v padesátých letech. Čína se stala třetím největším československým obchodním partnerem, po Sovětském svazu a německém demokratické republice. Po zavedení reforem a otevření se světu se čínsko-české hospodářské a obchodní výměnay prošly čtyřmi fázemi vývoje se změnou prostředí vnější politiky. Celkově se bilaterální obchod rozšiřoval, komoditní struktura se optimalizovala a model spolupráce byl vylepšen. Původní obchod se zbožím se již zmodernizoval na komplexní systém, který zahrnuje integraci obchodu, technologií a služeb.

První etapa byla od roku 1978 do roku 1992. Po zahájení reforem a otevření Číny v roce 1978 se postupně obnovila hospodářská spolupráce mezi Čínou a Československem, byla podepsána řada dohod o hospodářské a technické spolupráci, například desetiletá dohoda o hospodářské a technické spolupráci mezi vládou Čínské lidové republiky a vládou Československé socialistické republiky (1984), Dohoda o zamezení dvojího zdanění a předcházení daňovým únikům (1987) nebo Dohoda o základním směru dlouhodobé ekonomické, vědecko-technologické spolupráce (1988). Se společným úsilím obou stran se objem bilaterálního obchodu mezi Čínou a Československem vzrostl z 228 milionů USD v roce 1978 na 964 milionů USD v roce 1988. Čínský vývoz do Československa se přesunul ze surovin a potravin na spotřební zboží. V listopadu 1989 došlo k drastickým změnám v České republice a čínsko-český vztah se ochladil. V roce 1991 se obchodní režim mezi oběma stranami změnil z původního obchodu s otevřeným účtemna režim přímého devizového obchodu a objem obchodu mezi oběma stranami prudce poklesl.

Druhá etapa byla od roku 1993 do roku 2000. Česká republika byla založena 1.ledna 1993. V únoru téhož roku vstoupila v platnost Dohoda o celních záležitostech mezi Čínou a Českou republikou. V listopadu téhož roku bylo vzájemné udělení doložek nejvyšších výhod, byly podepsány dvoustranné hospodářské a obchodní dohody, které položily dobrý základ pro rozvoj bilaterálních hospodářských a obchodních vztahů. V tomto období se bilaterální hospodářská a obchodní spolupráce zvyšovala a rozsah obchodu neustále vzrostl, jak ukazuje obrázek 3-1, z 340 milionů amerických dolarů v roce 1993 na 437 milionů amerických dolarů v roce 2000, s průměrným ročním růstem 3,65%. V této fázi byly politické vztahy mezi oběma zeměmi na dlouhou dobu na nízké úrovni. Přestože hospodářská a obchodní spolupráce nebyla přerušena, celkový rozsah obchodu a investic byl relativně malý.

Třetí etapa byla od roku 2001 do roku 2011. V roce 2001 se Čína připojila k Světové obchodní organizaci (WTO) a otevřela se širšímu mezinárodnímu společenství. V září 2003 zveřejnila EU nový strategický dokument o vztazích s Čínou, Zralé partnerství-Společné zájmy a výzvy mezi Evropou a Čínou. V říjnu téhož roku Čína poprvé zveřejnila Politický dokument o vztazích Číny s EU. V roce 2003 byly vztahy Číny s EU formálně povýšeny na „komplexní strategické partnerství". Čínsko-České hospodářské a obchodní vztahy v tomto období vycházejí ze základu zdravého vývoje spolupráce mezi Čínou a EU. V dubnu 2004 byla podepsána Dohoda o hospodářské spolupráci mezi Ústřední lidovou vládou Čínské lidové republiky a Českou republikou. V květnu téhož roku se Česká republika stala členem Evropské unie a na pozadí hlubokého pokroku komplexního strategického partnerství Čína-EU se čínsko-české dvoustranné hospodářské a obchodní vztahy značně pokročilo. Trh v tom hrál důležitější roli. Jak ukazuje obrázek 3-2, průměrná roční míra růstu bilaterálního obchodu mezi roky 2001 a 2011 byla 32,12%, z 616 milionů USD v roce 2001 na 9,988 miliard USD v roce 2011. Z toho čínský vývoz do České republiky se zvýšil z 524 milionů USD v roce 2001 na 7,67

miliardy USD v roce 2011, s průměrným ročním růstem 30,78%. Čínský dovoz z čeština vzrostl
z 92 milionů USD v roce 2001 na 2.319 miliardy USD v roce 2011 s průměrným ročním růstem
38,09%. V roce 2008, ovlivněný globální hospodářskou krizí, čínský vývoz do České republiky
poklesl, ale čínský dovoz z České republiky pokračoval růst, celkový objem dovozu a vývozu po
finanční krizi kolísal.

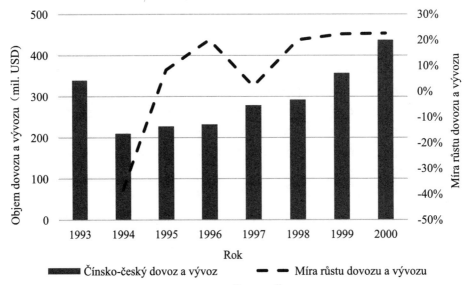

Obrázek 3-1   Bilaterální obchod mezi Čínou a Českou republikou, 1993—2000
(**Zdroj:** Ministerstvo obchodu ČLR)

Čtvrtá etapa byla od roku 2012 do současnosti, s důrazem na novou éru bilaterální
obchodní spolupráce v rámci „16 + 1" a iniciativy „Pásu a stezky". V roce 2012 se ve Varšavě v
Polsku uskutečnilo první setkání státní představitelé Číny a zemí střední a východní Evropy a
byl zahájen projekt „16 + 1". V roce 2013 Čína předložila iniciativu „Pás a stezka". V roce 2019
se Řecko oficiálně stalo 17. evropským členským státem mechanismu spolupráce mezi Čínou a
střední a východní Evropou. V roce 2012 česká vláda uvedla Čínu jako klíčový nový trh ve
„Strategii vývozu 2012–2020". V listopadu 2015 podepsaly Čína a Česká republika dokument o
spolupráci a oznámily, že bude spolupracovat na výstavbě „Pásu a stezky". Od roku 2012 do
roku 2018 se čínsko-český obchod zvýšil z 8,73 miliard USD na 16,31 miliardy USD. V roce 2018
čínský vývoz do České republiky činil 11,91 miliard USD, což představuje meziroční nárůst o
35,45%; zatímco Český dovoz z Číny činil 4,399 miliardy USD, meziroční růst o 19,03%. V
současné době je Čína třetím největším obchodním partnerem České republiky a Česká
republika se stala druhým největším obchodním partnerem Číny ve střední a východní Evropě.
Do roku 2018 přesáhl celkový objem obchodu mezi Čínou a Českou republikou 10 miliard USD
po dobu pěti po sobě jdoucích let. V této etapě dále rozvíjí Čína a Česká republika své
rozvojové strategie a vláda a trh budou společně hrát roli při podpoře prohlubování

čínsko-české hospodářské a obchodní spolupráce.

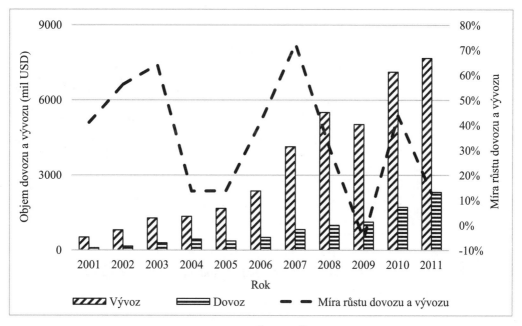

Obrázek 3-2   Bilaterální obchod mezi Čínou a Českou republikou, 2001—2011
(**Zdroj:** Ministerstvo obchodu ČLR)

B. Charakteristická fakta čínsko-českého bilaterálního obchodu

Po čtyřech fázích rozvoje se rozsah bilaterálního obchodu mezi Čínou a Českou republikou neustále rozšiřoval, komoditní struktura se průběžně optimalizovala a koordinace a doplňkovost odvětví se neustále posilovala. Je zde však take nerovnováha mezi dovozem a vývozem, vysoce koncentrovaná komoditní struktura. Je třeba, aby byly využity nové možnosti růstu.

1. Obchodní expanze a obchodní deficit

V posledních letech se s rychlým růstem objemu bilaterálního obchodu mezi Čínou a Českou republikou schodek českého obchodu s Čínou nadále rozšiřuje a stává se největší výzvou ve vývoji bilaterálního obchodu obou zemí. Podle údajů Národního statistického úřadu Číny se deficit českého obchodu s Čínou poprvé objevil v roce 1978. Znovu se objevil od roku 1995 a od té doby roste. V roce 2002 se Čína stala třetím největším obchodním deficitem v České republice. V roce 2018 dosáhl schodek českého obchodu s Čínou 7,51 miliard amerických dolarů (obrázek 3-3). Statistický rozdíl mezi Čínou a Českou republikou v rozsahu obchodu je zřejmý vlivem obchodu s entrepotem, statistického kalibru a dalších faktorů ve spojení s efektem převodu obchodu vytvořeným sjednocenou celní zónou EU. Podle údajů

34

Zpráva o rozvoji hospodářské a obchodní spolupráce mezi provincií Zhejiang
a Českou republikou v rámci iniciativy „Pás a stezka" (2019)

Českého statistického úřadu byl schodek českého obchodu s Čínou v roce 2018 až 23,4 miliard
USD. Tato mezera dále zvýšila obavy obou stran ohledně schodku obchodu.

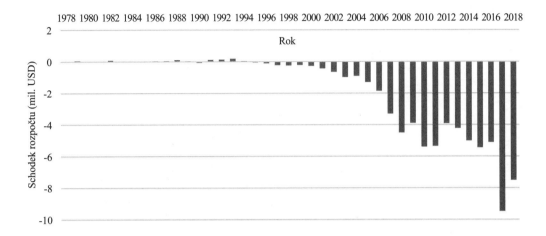

Obrázek 3-3   Čínsko-česká bilaterální obchodní bilance, 1978—2018
(**Zdroj:** Čínský statistický úřad)

Rostoucí schodek českého obchodu s Čínou má několik důvodů:

1) Reformní dividenda uvolněná při otevření se světu učinila přednost komparativní
výhody „Made in China", a rozsah dovozu a vývozu Číny a jejích hlavních obchodních partnerů
na světě vykázal rychlý růstový trend. Od roku 1978 podporoval čínský rychlý rozvoj příznivé
politické prostředí, které přinesla reforma a otevřenost, bohatá nabídka pracovních sil, velký
počet podnikatelů s průkopnickým duchem spolu s celou řadou podpory komplexního
průmyslového systému. Čínské výrobky jsou konkurenceschopné v globálním obchodě a jsou
upřednostňovány spotřebiteli po celém světě. Totéž platí i pro Českou republiku. Bilaterální
obchod rychle roste, růst vývozu je silnější než dovoz , což ukazuje, že se schodek českého
obchodu s Čínou postupně rozšiřuje.

2) Globální hodnotový řetězec restrukturalizuje model multilaterální hospodářské
spolupráce, převládá mezioborový obchod a dochází k převodu deficitu mezi Čínou, Českou
republikou a Německem. Podle struktury exportních komodit Číny a České republiky, České
republiky a Německa lze konstatovat, že kapitoly 84, 85, 87 a 90 kódu HS jsou klíčovými
vývozními oblastmi těchto tří zemí. Mechanické a elektrické výrobky, dopravní zařízení, optická
zařízení, zdravotnická zařízení, elektronický a elektrický průmysl jsou vyváženy do České
republiky po zpracování v Číně a dále zpracovávány a montovány na evropský trh. V takovém
meziodvětvovém obchodu bude analýza založená na dvoustranném obchodu dovozu a vývozu
rozdělovat cestu tvorby hodnotového řetězce vytvořeného mnoha zeměmi a analýza bude
zkreslená pouze z pohledu bilaterálního obchodu. Ve skutečnosti obchodní charakteristiky v
rámci odvětví podporují významnější roli České republikyi v obchodě mezi Čínou a Evropou.

Česká republika má zřejmé výhody v oblasti umístění, silné výrobní výhody a technologické výhody, díky kterým je důležitým tranzitním uzlem pro vstup čínských produktů na evropský trh.

3) Komoditní struktura čínsko-českého dvoustranného obchodu je příliš centralizovaná, české spotřební zboží čelí při vstupu na čínský trh světové konkurenci; je tedy nutné pěstovat uznání trhu a konkurenceschopnost produktů-klíčem ke snižování schodku českého obchodu s Čínou je zejména zvyšování konkurenceschopnosti českých produktů na čínském trhu. Vzhledem k celosvětové konkurenci podobných výrobků čínští spotřebitelé stále dostatečně nerozumí českým výrobkům. Kromě toho je odvětví služeb v budoucnu také klíčovou oblastí rozvoje Číny a Čech, jako jsou komunikační a informační technologie, inovativní průmyslová odvětví, finance, poradenství, vědecký a technologický výzkum a vývoj a cestovní ruch.

Problém obchodního deficitu mezi Čínou a Českou republikou je běžným jevem v bilaterálním obchodu mezi Čínou a zeměmi střední a východní Evropy, který odráží strukturální problémy v obchodu mezi těmito zeměmi. Vyžaduje se proto trpělivé a pečlivé úsilí všech stran pro identifikaci míst zájmů a neustálý průzkum nové kinetiky spolupráce a bodů růstu. V posledních letech vynaložila čínská vláda velké úsilí v souvisejících oblastech. V březnu 2016 podepsala Národní rozvojová banka Číny a Česká exportní banka dohodu o rozvoji finanční spolupráce. V červenci 2017 byl oficiálně otevřen čínsko-evropský vlak z Yiwu do Prahy v provincii Zhejiang, v září téhož roku byl oficiálně otevřen středoevropský vlak z Čcheng-tu do Prahy. V listopadu 2018 uspořádala v Šanghaji první čínský mezinárodní dovozní veletrh a prezident Zeman vedl delegaci s více než 200 lidí z více než 80 podniků, kteří se zúčastnili veletrhu. Vystavovali české výrobky, jako jsou automobily, pivo, křišťál, výrobky ze dřeva, potraviny a hračky. Tato řada aktivit zvyšuje možnosti přímého vývozu českých kvalitních a speciálních produktů do Číny a zlepšují obchodní nerovnováhu mezi Čínou a Českou republikou.

2. Vysoká koncentrace obchodních komodit a zřejmý trend průmyslových aglomerací

Konkrétně český vývoz do Číny v roce 1999 jak ukazuje v tabulce 3-1, představoval zejména strojírenské a elektrické výrobky (celní komoditní klasifikace 16, 84–85), dopravní prostředky (celní komoditní klasifikace 16, kapitola 87) a výrobky související s chemickým průmyslem (celní komoditní klasifikace 6, kapitola 29), které představují 44,6%, 37,14% a 7,31% z celkového vývozu. Poté se vývoz výrobků chemického průmyslu klesl, zatímco vývoz optických a zdravotnických zařízení, obecných kovů, plastů a výrobků z oceli vzrostl. Podle údajů z let 2010 a 2018, elektromechanické výrobky a dopravní zařízení Ent se staly první a druhou velkou kategorií českého vývozu do Číny, představující asi 60% českého vývozu do Číny. Optika, zdravotnické vybavení a přesné přístroje se staly třetí kategorií vývozu a jejich podíl vzrostl z 4,95% v 2010 na 8,90% v roce 2018.

Z pohledu dovozu jak ukazuje v tabulce 3-2, jsou hlavními komoditami českého dovozu z Číny také mechanické a elektrické výrobky, které v dlouhodobém horizontu představují kolem

Zpráva o rozvoji hospodářské a obchodní spolupráce mezi provincií Zhejiang
a Českou republikou v rámci iniciativy „Pás a stezka" (2019)

36

75%, výrazně vyšší než české vývozy tohoto druhu zboží do Číny. Je patrné, že dovozní a vývozní obchod mezi Čínou a Českou republikou má po dlouhou dobu zjevné obchodní charakteristiky v rámci odvětví, to znamená, že obě strany mají aktivní průmyslovou řetězovou spolupráci v elektrických zařízeních a náhradních dílech, strojírenství, zařízeních a součástkách a dalších průmyslových odvětví, respektive, vývoz a dovoz velkého množství produktů a náhradních dílů na obě strany.

Tabulka 3-1   Hlavní český vývoz do Číny

(Jednotka: milionu USD)

1999			2010			2018		
Kategorie	Objem vývozu	Podíl	Kategorie	Objem vývozu	Podíl	Kategorie	Objem vývozu	Podíl
Kapitola 84	23,674	40,51%	Kapitola 84	365,277	30,05%	Kapitola 84	784,246	30,35%
Kapitola 87	21,700	37,14%	Kapitola 85	267,275	21,99%	Kapitola 85	599,321	23,19%
Kapitola 29	4,274	7,31%	Kapitola 87	101,233	8,33%	Kapitola 90	230,010	8,90%
Kapitola 85	2,392	4,09%	Kapitola 74	66,851	5,50%	Kapitola 47	156,558	6,06%
Kapitola 70	1,043	1,78%	Kapitola 90	60,153	4,95%	Kapitola 48	148,963	5,76%

(Zdroj: Český statistický úřad)

Tabulka 3-2   Hlavní český dovoz z Číny

(Jednotka: milionu USD)

1999			2010			2018		
Kategorie	Objem dovozu	Podíl	Kategorie	Objem dovozu	Podíl	Kategorie	Objem dovozu	Podíl
Kapitola 85	109,511	19,44%	Kapitola 85	6 296,474	40,48%	Kapitola 85	12 618,580	48,44%
Kapitola 84	73,741	13,09%	Kapitola 84	5 798,137	37,28%	Kapitola 84	7 516,493	28,86%
Kapitola 95	40,609	7,21%	Kapitola 62	360,609	2,32%	Kapitola 95	589,563	2,26%
Kapitola 64	34,696	6,16%	Kapitola 95	315,534	2,03%	Kapitola 62	454,828	1,75%
Kapitola 62	31,448	5,58%	Kapitola 64	289,750	1,86%	Kapitola 87	424,962	1,63%

(Zdroj: Český statistický úřad)

3. Optimalizace obchodních komodit, zvýšení závislosti na průmyslových řetězcích

V současné době se změnil základní provozní zákon světové ekonomiky: obchod se změnil z mezioborového obchodu na obchod uvnitř odvětví, dokonce na obchod uvnitř výrobku. Je obtížné definovat teritoriální povahu obchodovaných komodit. Obchodní struktura zboží mezi zeměmi často odrážejí stupeň průmyslové spolupráce a hospodářské závislosti mezi oběma zeměmi. Pomocí klasifikačního standardu BEC (Široká ekonomická klasifikace) OSN pro měření podílu různých druhů komodit mezi obchodními subjekty lze analyzovat stupeň závislosti průmyslového řetězce mezi obchodními subjekty a poté analyzovat komplementaritu a obchodní potenciál mezi subjekty. Doplňkovost a obchodní potenciál. Obrázek 3-4 porovnává čínsko-českou bilaterální obchodní komoditní strukturu (včetně kapitalového zboží, meziproduktů, spotřebního zboží a dalších komodit) v letech 1999, 2010 a 2017. Lze konstatovat, že český dovoz z Číny pokračuje v optimalizaci komoditní struktury a podíl spotřebního zboží se výrazně snížil, zatímco podíl meziproduktů a kapitalového zboží se výrazně zvýšil. V roce 1999 byl hlavním dovozem z Číny spotřební zboží, které představovalo 54,59% z celkového dovozu, zatímco dovoz meziproduktů a kapitalového zboží představoval 24,54% a 20,86% Poté podíl meziproduktů a kapitalového zboží na českém dovozu z Číny rychle vzrostl, do roku 2017 činil podíl dovozů obou druhů zboží 32,95% a 52,81%. Je pozoruhodné, že dovozy investičního zboží se významně zvýšily z 5,23 miliard USD v roce 2010 na 10,71 miliardy USD v roce 2017, s průměrnou roční mírou růstu 10,79%, a staly se tak nejdůležitějším dovozem českého zboží z Číny. Do jisté míry to naznačuje, že v procesu průmyslové restrukturalizace vzrostl stupeň koordinace a technologického souladu mezi Čínou a českým průmyslem.

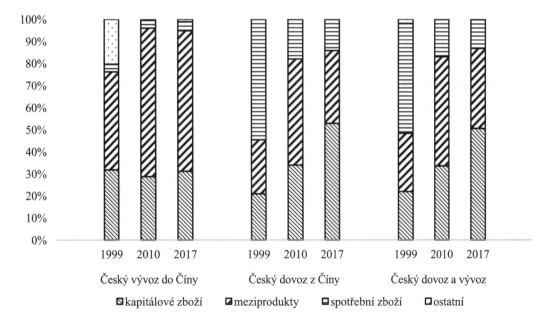

Obrázek 3-4 Porovnává čínsko-českou bilaterální obchodní komoditní strukturu
(**Zdroj:** Český statistický úřad)

C. Interakce a návrhy na podporu čínsko-české bilaterální hospodářské a obchodní spolupráce

Čína i Čech mají silnou průmyslovou základnu, vysoce odpovídající špičková průmyslová odvětví, jsou společně integrována do průmyslového řetězce Číny a Evropy, aktivní obchod v rámci průmyslu a roste průmyslová závislost. Proto podpora obchodu a spolupráce a podpora dvoustranného obchodu a průmyslové spolupráce přispívají nejen k transformaci a modernizaci čínské otevřené ekonomiky, ale také k rozvoji české exportně orientované ekonomiky. Obě země mají široký prostor pro spolupráci a vzájemný prospěch.

1. Podporovat důkladnou spolupráci a komplexní spolupráci klíčových odvětví z hlediska průmyslového řetězce a podporovat průmyslové propojení a dvoustranně výhodnou spolupráci

V pozadí globalizované ekonomiky se průmyslová integrace a pronikání staly běžnou formou mezioborových vztahů na celém světě. Analýza mezioborového zájmu založená pouze na klasifikaci tradičních odvětví je v rozporu se současným zákonem o průmyslovém provozu a vliv mezi průmyslovými odvětvími je vzájemně provázaný, reciproční a složitý. Proto musí být čínsko-česká průmyslová spolupráce založena na perspektivě průmyslového řetězce, posoudit rozvržení průmyslového řetězce určitého odvětví v globálním měřítku a kombinovat průmyslové potřeby a potřeby rozvoje Číny a České republiky za účelem vybudovat udržitelné modely spolupráce a propagační cesty, která odpovídá dlouhodobým zájmům obou stran a perspektivu udržitelného rozvoje.

2. Řízení čínsko-české průmyslové spolupráce z pohledu celého průmyslového řetězce, přikládání důležitosti spolupráce v oblasti výroby, ale se zaměřením na její výzkum a vývoj, design, technologii, služby a řízení

Čína musí dále prozkoumat stávající klíčové oblasti čínsko-české průmyslové spolupráce a rozvinout je, aby se staly výhodnými oblastmi, které splňují zájmy a potřeby obou strany, které mají ekonomický rozsah a tržní vliv, mají udržitelnou rozvojovou kapacitu a dlouhodobý rozvojový prostor. K dosažení tohoto cíle je nutné řídit čínsko-českou průmyslovou spolupráci z pohledu celého průmyslového řetězce. Průmyslová spolupráce v tradičních zpracovatelských odvětvích je pouze primární fází čínsko-české průmyslové spolupráce, která se rozšiřuje na přední průmyslový řetězec. Posílit a nadále podporovat výzkum a vývoj, design a technickou spolupráci v klíčových odvětvích pomůže prohloubit integraci čínsko-českého zpracovatelského průmyslu. Dále, rozšířit dolů k průmyslovému řetězci, posílit a průběžně podporovat čínsko-českou spolupráci ve službě a řízení v klíčových odvětvích, rozšířit zpracovatelskou spolupráci na komplexní spolupráci ve výrobě i výrobní služby, a rozšířit podpory čínsko-české spolupráce ve zpracovatelském odvětví a k dosažení dvoustranně prospěšné spolupráce.

3. Posílení základního výzkumu, zvýšení popularizace a dvoustranného porozumění, posílení funkcí ve státní službě

Důležité informace o průzkumu trhu vycházející podnikových poptávek ukazuje, že podniky v Číně a v České republice, zejména ty malé a střední podniky, neznají trh druhé strany a nemají dostatečné porozumění o výhodách čínsko-české spolupráce. Proto je v současné fázi nezbytně nutné posílit navzájem výzkum a studium v týkající se země, průmyslu, kultury, politiky, práva atd., a posílit propagace a podporu pro malé a střední podniky s cílem zvýšit jejich porozumění a poznání druhého trhu, průmyslu, politiky, zákonů a předpisů, kultury a tak dále, které pomůže k odstranění obav podniků, stimuluje dynamiku obchodní spolupráce, posílit výstavbu platformy, projektového dokování, informačního poradenství a datové statistiky, aby poskytovali základní služby pro průmyslový spolupráce a podpořili její prohloubení a komplexní spolupráci průmyslového řetězce mezi Čínou a Českou republikou.

Ⅱ. Analýza inovační a rozvojové strategie České republiky (2019—2030)

Inovace a rozvoj je jednou z vládní priorit současné Babišovy vlády České republiky. Od července 2018, kdy se nová vláda oficiálně ujala moci, bylo vynaloženo velké úsilí na formulaci české inovační strategie. Dne 18. února 2019 *Země pro budoucnost: Inovační strategie České republiky 2019—2030* byla oficiálně zveřejněna. Tento dokument systematicky planoval cestu rozvoje a inovací pro Českou republiku v příštích 12 letech a usiluje o to, aby se Česká republika stala do roku 2030 lídrem v oblasti inovací v Evropě.

A. Pozadí formulace

Inovační strategie České republiky byla vytvořena Radou pro výzkum, vývoj a inovace (RVVI), jemuž předsedá premiér Andrej Babiš. Karel Havlíček, místopředseda RVVI, je zodpovědný za vypracování a koordinaci inovační strategie. Na formulaci se podílelo 11 vládních resortů a sdružení, včetně kanceláře Úřadu vlády ČR, Ministerstva průmyslu a obchodu, Ministerstva zemědělství, Ministerstva dopravy, Ministerstva školství, mládeže a tělovýchovy, Ministerstva životního prostředí, CzechInvestu, Svaz průmyslu a dopravy, Hospodářská komora, Asociace malých a středních podniků a živnostníků. Na projektu take podporovaly instituce jako Akademie věd ČR, České vysoké učení technické v Praze (ČVUT), Univerzita Palackého, Českomoravská záruční a rozvojová banka, Česko-izraelská vzájemná obchodní komora a Česká asociace nanotechnologických průmyslových odvětví. Strategie je dokumentem konsensu o více stranách, který vytvořila česká vláda, podniky, univerzity, vědecké a výzkumné ústavy, které upoutaly pozornost mezinárodní komunity hned po jejím vydání.

Hlavní odpovědnou osobou je Karel Havlíček, místopředseda vlády a ministr průmyslu a obchodu, podnikatel a ekonom, získal důvěru premiera Babiše a je novou elitou české politiky. Působí také aako místopředseda RVVI a prezident České asociace malých a středních podniků.

40

Zpráva o rozvoji hospodářské a obchodní spolupráce mezi provincií Zhejiang
a Českou republikou v rámci iniciativy „Pás a stezka" (2019)

Navštívil Čínu několikrát a studuje čínštinu více než deset let. Má bohaté zkušenosti s obchodováním s Číňany.

4. února 2019 česká vláda schválila *Země pro budoucnost: Inovační strategii České republiky 2019—2030*. Dokument byl oficiálně vydán 18.února. 19. února a 6. března navštívil český premiér Babiš Izrael a Spojené státy Státy, propagoval strategii a podpořil spolupráci v oblasti technologických inovací mezi ČR a Isrealem a ČR a USA. Během své návštěvy USA se Babiš a jeho delegace také setkali s inovačními subjekty ve Spojených státech, jako je Národní vědecká nadace, Americká obchodní komora, Cisco, IBM, General Motors, Microsoft, Google, Honeywell, Rockwell, Merck, AT&T a další instituce a vedoucí společností. Kromě toho během návštěvy v Singapuru 19. ledna Babiš rovněž vyjádřil ochotu posílit dvoustrannou inovační spolupráci a pozval singapurské vědce k podílení na práci Českého mezinárodního výboru pro vědu a výzkum. O pouhých 100 dní později Babiš offici Kally Lee Tan ze Singapurské univerzity v Singapuru jako člen Českého mezinárodního výboru pro vědu a výzkum Babiš prohlásil, že to byl jeho konkrétní plod jeho návštěvy v Singapuru. O pouhých 100 dní později Barbiz oficiálně jmenoval profesorem Kian Lee Tan ze Singapurské národní univerzity v Singapuru jako člena Českého mezinárodního výboru pro vědu a výzkum. Barbish prohlásil, že se jedná o konkrétní plod jeho návštěvy v Singapuru. Rychlá reakce singapurské vlády rovněž odrážela pozornost mezinárodní komunity k české inovační strategii.

B. Hlavní rozvojová cíle

Cílem Inovační strategie České republiky: Země pro budoucnost 2019—2030 je zařadit Českou republiku mezi inovační lídry Evropy do roku 2030. Za tímto účelem inovační strategie se skládá z devíti pilířů, které zahrnují vybudování České republiky jako země výzkumu a vývoje, polytechnického vzdělávání, národního startup, digitalizace, inovačního a výzkumného centra, chytré investice, ochrany duševního vlastnictví, mobility a stavebního prostředí a chytrého marketingu. Strategie analyzovala současnou situaci, stavební cíle a dostupné nástroje v každém pilíři. Obsah této strategie lze shrnout do jednoho cíle, tří strategických směrů a osmi strategických sektorů.

1. Celkový cíl

Strategie zavádí systém hodnocení inovací založený na metodice 2017+ a vytváří kompletní inovační řetězec ze základního výzkumu, aplikovaného výzkumu, experimentálního vývoje, průmyslového využití komercializace pro rozvoj české vědecké a technologické inovace. Do roku 2030 se Česká republika stane lídrem v oblasti inovací v Evropě a „zemí pro budoucnost".

2. Tři strategické směry
(1) Země pro začínající podniky

I když má Česká republika v současné době částečnou podporu pro zahajovací projekty, celkové pobídkové financování není dostatečné a chybí celkový podpůrný program na státní úrovni. Start-upy jsou obecně považovány za riskantní v akademických institucích, jako jsou univerzity, a podniky taky postrádají nadšení přijímat akademické výstupy. Za účelem změny této situace poskytne česká vláda jasné podpůrné prvky pro zakládání a rozvoj začínajících podniků a spin-off podniků, které zahrnují:

1) vytvořit konkrétní prvky podpory pro vznik a podporu startups a spin-offs na národní úrovni a provázat tyto prvky s regionální a mezinárodní podporou.

2) vytvořit ucelený program financování s národní podporou pro segment startups.

3) vytvořit mapu startups s cílem provazovat je s investory a poskytovateli podpory.

4) zabezpečit výměnu informací a nejlepších zkušeností mezi startups na národní úrovni.

5) vytvořit prostředí zajímavé pro zahraniční startups a technologické týmy k dlouhodobému rozvoji svých aktivit v ČR.

6) připravit program účelové podpory TAČR pro startups a spin-offs.

7) zavést v rámci výuky na všech úrovních škol vzdělávání k nabytí podnikatelských dovedností.

8) zavést monitoring a benchmarking inkubátorů, hubů a akcelerátorů.

K dosažení těchto cílů jsou tyto nástroje:

1) vytvoření Národní agentury pro podporu startups v rámci CzechInvest.

2) vytvoření programů Českomoravské záruční a rozvojové banky (ČMZRB) pro financování startups, vč. zapojení malých a středních firem pro zakládání vlastních startups.

3) systém komercializačních institucí u vysokých škol a veřejných výzkumných institucí.

4) spolupráce s komerčními korporacemi a potenciálními soukromými investory do rozvoje startups.

5) vytvoření nástrojů účelové podpory VVI v rámci TAČR pro startups a spin-offs, včetně systému vyhodnocování.

6) vytvoření výzev operačních programů 2020+ pro oblast startups a spin-offs.

7) cílená podpora univerzitní výuky podnikavosti formou zakládání startups a spin-offs.

8) podpora regionální struktury na podporu inovativních startups a spin-offs.

9) rozšíření využívání nástrojů Evropského investičního fondu (EIF).

10) vytvoření investičních schémat dle mezinárodních modelů (Izrael, Finsko).

(2) Digitální stát

Česká republika je průmyslově vysoce orientovanou zemí a Průmysl 4.0 musí být chapán jako celospolečenský a ekonomický fenomén, determinující budoucí postavení ČR ve světovém společenství. V posledních letech vláda zavedla řadu důležitých nástrojů pro digitalizaci, na druhou stranu byl systém zavádění digitalizace v ČR doposud chaotický. Priorita této strategie je podporovat zavádění výsledků aplikovaného výzkumu v oblasti transformativních technologií do praxe.

1) zavést digitální státní správu, které bude koordinovat RVIS se zapojením všech ministerstev, vytvořit propojený datový fond (data only once)—propojení systémů s cílem využití všech informací, které již státní správa od občana či firmy v minulosti obdržela, s cílem

zamezit povinnosti opětovného poskytování dříve poskytnutých informací, prosazování pozice České republiky jako aktivního hráče v oblasti jednotného digitálního trhu, zajistit komunikaci o aktuálních tématech a příležitostech z digitální agendy EU, Vyjednat strategické otázky digitalizace na stávajících platformách s organizacemi, jako je Evropská Komise.

2) Podpora digitální transformace výrobních podniků a služby.Česká republika přikládá velký význam rozvoji průmyslu 4,0 a Internetu v oblasti věcí a bude kombinovat průmyslové 4,0 a projekty digitální České republiky za účelem založení Evropského centra excelence v oblasti umělé inteligence v České republice; aplikovat v energetice, zejména v oblasti chytrých sítí, zavádění finančních nástrojů pro usnadnění robotizace, automatizace a prosazování inovací ve firmách s důrazem na MSP, připravit společnost na trendy typu IoT, AI, BigData, nové typy rozhraní člověk-stroj, atd., vyvinout metodu měření průmyslové 4,0, která by podporovala použití transformativních a inovačních technologií, a doufá, že celá společnost bude připravena na Internet věcí, umělé inteligence, velké údaje a nové interakce s člověkem a bude poskytovat cílené školení digitálních schopností pro malé firmy v podobě digitálního obchodního roku. Zároveň zdůrazňuje, že její průmyslové podniky, města, letiště, elektrárny a další inteligentní kontrolní systémy se mohou vypořádat s nejzávažnějšími riziky. Česká republika přikládá velký význam digitální transformaci energetického sektoru, budování inteligentních sítí, inteligentních měst a inteligentních oblastí.

(3) Země pro inteligentní infrastrukturu

Země pro inteligentní infrastrukturu se zaměřuje na budování inteligentní dopravy, včetně čtyř aspektů výstavby:

1) Dokončit hlavní síť dopravní infrastruktury. Zákon o zrychlené výstavbě dopravní infrastruktury („liniový zákon"), novelizace zákona o silničním provozu, zákona o pozemních komunikacích. Plně využije evropské strukturální a investiční fondy, Propojení evropských investičních fondů a národního fondu dopravní infrastruktury za účelem urychlení výstavby vnitrostátní dopravní infrastruktury.

2) Zlepšit účinnost správy v příslušných oblastech. Zjednoduší a urychlí administrativní procesy pro stavební řízení a postupy související s digitalizací. Zajistí povolovací řízení v rámci stavebního řízení s termínem maximálně 1 rok a posílí koordinaci mezi národem a místními provinciemi a státy.

3) Vybudovat inteligentní síť pro správu dopravních informací. Na krajní a regionální úrovni budou data začleněna do Národního dopravního informačního centra (NTIC) pro další řízení a řízení dopravy. Česká republika připraví demonstrační a testovací pilotní projekty pro řešení inteligentní mobility, vybuduje telematické sítě pro dopravu a vytvoří cílenou koncepci podpory inteligentních měst, včetně problematiky městské logistiky.

4) Vybudovat inteligentní systém služeb pro osobní a nákladní dopravu. Poskytujte rozsáhlé, cenově dostupné, spolehlivé a inteligentní služby osobní a nákladní dopravy. Podporovat integraci veřejné osobní dopravy, multimodální dopravy a podporovat zřizování logistických center. Kromě toho se česká ekonomika tak silně spoléhá na automobilový

průmysl, že přikládá velký význam technickému výzkumu a vývoji autonomních systémů vozidel. Když Babiš navštívil Isarel, představil speciálně českou autonomní technologii jízdy. Česká republika proto bude postupně zavádět akční plány rozvoje inteligentních dopravních systémů, budoucnost českého automobilového průmyslu, čistou mobilitu (budování dobíjecích stanic pro elektromobily atd.), Autonomní rozvoj dopravy a autonomní řízení v oblastech inteligentní dopravy, autonomní automobil a nová energetická doprava, podpora výstavby Země pro inteligentní infrastrukturu prostřednictvím vedení projektu a legislativní záruky.

3. Osm strategických sektorů

Inovační strategie ČR má v úmyslu sezačlenit mezi země pro výzkum a vývoj, země pro technologie a země excelence.Zřízením několika center excelence v klíčových strategických oblastech zvýší Česká republika intenzitu inovací ve výzkumu a vývoji a podpoří transformaci výsledků výzkumu, aby se tato centra excelence stala globální vizitkou pro Českou republiku.V souladu s inovační strategií vydanou českou vládou se centrum excelence zaměří na osm strategických oblastí: umělá inteligence, kosmické technologie, laserové technologie, nanotechnologie, biotechnologie, energeticky úsporná řešení, chemie a chemické technologie, klinická medicína a biomedicína, ad. Proto vláda vytvoří vzájemně komplementární schéma financování kapacit pro VVI z institucionální podpory na dlouhodobý koncepční rozvoj výzkumných organizací a tzv. velkých výzkumných infrastruktur na straně jedné, a nástroje pro podporu dlouhodobé strategické spolupráce veřejného výzkumného sektoru a průmyslové sféry v podobě tzv. Národních center kompetence na straně druhé. Bude podpora excelentních center vyplývající ze Strategie chytré specializace—světové vizitky ČR v oblasti nejpokročilejších technologií, aby bylo dosaženo začlenění českých firem do oborových klastrů s účastí výzkumných institucí. V rámci podpor z veřejných prostředků specificky bude podporovat navržená řešení s potenciálem komercializace prostřednictvím ochrany duševního vlastnictví.

Česká vláda zvýší investiční pobídky a politickou podporu ve výše uvedených strategických oblastech, včetně:

1) Změnit politiky investičních pobídek, podporovat investice s vysokou přidanou hodnotou a podporovat spolupráci mezi podniky a výzkumnými institucemi.

2) Zaměřit se zejména na podporu investic v klíčových oblastech v souladu se strategií inteligentní specializace, národním vesmírným plánem, strategií podpory AI atd.

3) Vytvořit systém technologické předvídavosti (horizontální skenování).

4) Dále se zaměřit na zadávání zakázek na inovativní technologie-v rámci zákona o veřejných zakázkách.

5) Dlouhodobé financování koncepčního vývoje produktů a výstavby velkých výzkumných infrastruktur.

6) Zřídit národní kompetenční centra s cílem poskytovat nástroje financování a

podporovat dlouhodobou strategickou spolupráci mezi veřejnými výzkumnými institucemi a podniky.

7) Využívat veřejné prostředky na podporu řešení komercializace výsledků výzkumu prostřednictvím ochrany duševního vlastnictví.

8) Podporovat účast výzkumných institucí na realizaci integrace národních kompetenčních center a center OP DRI do českých průmyslových uskupení.

C. Podpůrný systém

Za účelem zajištění implementačního účinku strategie rozvoje a inovací zavedla česká vláda podpůrný systém složený ze tří záručních opatření a dvou podpůrných systémů.

1. Tři záruční opatření

Česká vláda přijala tři záruční opatření, a to záruku financování, vědeckého hodnocení a komplexní politiky k zajištění provádění inovační strategie.

(1) Záruka financování

Česká republika zvýší investice do výzkumu a vývoje a plánuje zvýšit podíl investic do výzkumu a vývoje na HDP do roku 2025 na 2,5% a do roku 2030 na 3%. Dne 29. března 2019 česká vláda schválila rozpočtový plán RVVI a rozpočet na roky 2019–2022 se bude neustále zvyšovat, a to o 35,9 miliardy Kč, 37 miliard Kč, 37,5 miliardy Kč a 38,2 miliardy Kč. Ve srovnání s rozpočtem na rok 2015 přesáhl nárůst o 40% ve výši 27 miliard Kč.

(2) Systém hodnocení

Během návštěvy Babiše ve Spojených státech představil americké vládě, výzkumným institucím a inovačním podnikům nejnovější systém hodnocení inovací v České republice založený na metodice 2017+. Nová metoda hodnocení se zaměřuje na posílení pokynů pro hodnocení, ochranu práv duševního vlastnictví a podporu endogenních inovací.

(3) Záruka za pojištění

Česká republika se zaměřuje na tři aspekty předpisů a politik pro zajištění výzkumu, vývoje a inovací:

1) Upřesnit politiku vědy a techniky: Česká republika vydala Národní politiku výzkumu, vývoje a inovací České republiky, 2021+ a Národní strategii výzkumu a inovací pro inteligentní specializaci České republiky (dále jen RIS3) a další politiky ke společné podpoře české vlády, podniků, výzkumné instituce a další subjekty provádějící vědecké a technologické inovace.

2) Daňové odpočty pro výzkum, vývoj a inovace: Česká republika pozmění nebo vytvoří nová nařízení ke snížení daně pro výzkum, vývoj a inovace a současně novelizuje zákon o investicích s cílem zavést příznivější vnitrostátní pobídky.

3) Posílit ochranu duševního vlastnictví: Za účelem vybudování Země pro patenty musí Česká republika nejprve zvýšit povědomí o ochraně duševního vlastnictví ve společnosti. Česká republika vyžaduje poskytování přednášek a školení souvisejících s duševním vlastnictvím pro všechny úrovně vzdělávání. Mezitím je nutné zvýšit povědomí o ochraně duševního vlastnictví

ve zpracovatelském průmyslu a aplikačních oblastech. Ustanovení o ochraně duševního vlastnictví budou doplněna do příslušných řídících dokumentů EU a ČR týkajících se komercializace patentů a plánování výzkumu, vývoje a inovací.

2. Dva podpůrné systémy

S cílem konsolidace talentové základny strategie rozvoje a inovací a vytvoření dobrého vnějšího prostředí se Česká republika soustřeďuje na budování dvou podpůrných systémů: na jedné straně mění polytechnický vzdělávací systém tak, aby položil základy pro inovace a rozvoj; na druhé straně zřídit systém zahraniční propagace s cílem hledat vnější vlivy pro inovace a rozvoj.

(1) Změna polytechnického vzdělávacího systému

Česká vláda posílí polytechnické vzdělávání a dále změní polytechnický vzdělávací systém. Zdůrazňuje devět reformních priorit: tvořivost, výzkumné přístupy, technická představivost, logické a kritické myšlení, řešení problémů, hodnocení informací, projektové vyučování založené na vědomostní bázi přírodních věd a matematiky.

Reforma polytechnického vzdělávání české vlády se zaměřuje zejména na reformu rámcových vzdělávacích programů (RVP), která prohloubí reformy v oblasti základního školství, odborného vzdělávání, vysokých škol, celoživotního vzdělávání a odborné přípravy. V průběhu základního vzdělávání na úrovni RVP přidá Česká republika vzdělávací oblast „Lidé a technologie" s cílem propagovat povinný předmět „technologie" na středních školách v souladu se stávající základní studií o revizích FEP; na úrovni základní školy bude technologický vzdělávací program zařazen do relativně oddělené vzdělávací oblasti a současně bude plně prováděno vzdělávání technických dovedností ve všech příslušných předmětech. V oblasti středního odborného vzdělávání bude Česká republika inovovat a konsolidovat koherentní národní systém s prvky duálního vzdělávání pod dohledem vlády se zapojením regionů a zaměstnavatelů. Ve fázi vysokoškolského vzdělávání vláda zavedla pobídky na podporu studijních programů zaměřených na pokročilé technologie a zapojila špičkové talenty ve spolupráci s domácími univerzitami ve všech oblastech. Vláda mezitím podpoří celoživotní vzdělávání a odbornou přípravu, aby pro podniky připravily talenty na používání průkopnické technologie.

(2) Zavést systém zahraniční propagace

Cílem Inovační strategie je budovat image České republiky jako sebevědomého lídra v oblasti inovací, jejímž cílem je propagovat Českou republiku jako zemi s vědeckým potenciálem, vyspělým průmyslem a výsledky výzkumu v mnoha oborech, se vzdělanými a důmyslnými lidmi s velkou invencí. Zaměřuje se na propagaci současného inovačního ekosystému a inovační strategie se čtyřmi klíčovými aspekty: excelence českých výzkumných center, jedinečné produkty českých společností, špičková technologie v high-tech oborech a úspěšní inovativní jednotlivci.

S cílem účinně propagovat národní image České republiky jako sebevědomého a inovativního lídra formulovala česká vláda v Inovační strategii konkrétní opatření:

1) Vypracovat zahraniční marketingový tým, který bude systematicky zavádět nové inovativní prvky České republiky napříč ministerstvy, výzkumnými organizacemi a podniky.

2) Vytvořit propagační příručku pro strategie „Česká republika: Země pro budoucnost" a představit její prvky do klíčových národních a mezinárodních dokumentů a aktivit, které jsou součástí integrace do nástrojů online komunikace příslušných odborných veřejných institucí, ambasád, zahraničních zastoupení České republiky a českých center.

3) Kombinovat různé propagační nástroje, zejména s novými propagačními technologiemi, jako jsou sociální média, k podpoře konceptu „Česká republika-lídr inovací Evropy 2030".

4) Neustále propagovat vědecké a obchodní úspěchy umělé inteligence, energeticky úsporného systému, laserové technologie a nanotechnologie, jakož i úspěšné případy výzkumných týmů a jejich vůdců.

5) Předseda vlády, ministři, velvyslanci a zahraniční představitelé by měli aktivně propagovat image České republiky jako technologického lídra na mezinárodní úrovni.

6) Organizovat zahraniční delegace, aby navštěvovaly a absorbovaly zahraniční odborníky a vědce, kteří mají vliv na výzkumné politiky ve svých zemích, s cílem zapojit je do našeho národního výzkumu a inovací a představit jim to nejlepší z českého výzkumu a inovací.

7) Systematicky propagovat výzkumné příležitosti v České republice ve více jazykových verzích. Zřídit uvítací kancelář pro zahraniční vědce.

8) Organizovat české odborníky s příslušnou výzkumnou oblastí k návštěvě zemí s potenciálem spolupráce.

Poděkování

U příležitosti prvního zveřejnění „Zprávy o rozvoji hospodářské a obchodní spolupráce mezi provincií Zhejiang a Českou republikou rok 2019 v rámci „Pásu a stezky" chceme poděkovat všem, kteří nám při tom poskytovali pomoc, poučení a podporu.

Během prací na této zprávě se nám dostalo pečlivého vedení ze strany obchodního odboru provincie Zhejiang, jeho kancelář pro vnější styky, kancelář pro zahraniční ekonomiku, kancelář pro rozvoj obchodu a další příslušná oddělení nás plně podporovala a také poskytla cenné připomínky a doplňky k obsahu této zprávy.

V procesu shromažďování dat se zprávě dostalo všestranné spolupráce ze strany mnoha podniků, jako Wanxiang Group, Zhejiang Dahua Technology, Hangzhou Sunrise Technology, Ant Financial Services Group a dalších, rovněž jim vyjadřujeme naši vděčnost!

Děkujeme všem kolegům ve výzkumném centru. Chtěli bychom také poděkovat překladatelskému týmu anglické verze, české verze této zprávy, i externím auditorům za jejich náročnou práci, že tato zpráva může být v tak krátké době vydávána současně v čínském, anglickém a českém jazyce!

Příloha Země budoucnosti: Inovačnístrategie České republiky 2019—2030

Czech
Republic
**The Country
for the Future**

Financování a hodnocení výzkumu a vývoje

The Country for R&D

Institucionální odpovědnost: Rada pro výzkum, vývoj a inovace
Manažerská odpovědnost: člen předsednictva RVVI

Výchozí stav:

Podíl celkových výdajů na výzkum, vývoj a inovace činí v ČR 1,79 % HDP, z toho podnikatelské zdroje jsou ve výši 60 %, vládní a evropské zdroje 40 %. V této chvíli probíhá změna systému hodnocení výzkumných organizací spočívající v přechodu ze stávajícího systému založeného na kvantitě k hodnocení kvality a dopadu výzkumu a vývoje (Metodika M2017+). Vyjma zmíněné institucionální podpory probíhá také změna systému hodnocení účelové podpory, kde se postupně zavádí systém odborných garantů, sjednocují se odvětvové priority a eliminuje se překrývání podpor. V případě jak institucionální, tak účelové podpory jsou slabými stránkami nízká provázanost a proporcionalita inovačního řetězce: základní výzkum → aplikovaný výzkum → inovace → produkt → zisk → reinvestice do výzkumu.

Cíle:

- posílit financování výzkumu a vývoje (měřeno jako % HDP): 2020 2,0 %, 2025 2,5 %, 2030 3,0 %, tj. každý rok růst o 0,1 p. b.; z toho nárůst na 1 % z veřejných zdrojů, a z podnikatelských zdrojů pak na 1,5 % v roce 2025 a na 2 % v roce 2030,
- zvýšit institucionální složku financování výzkumu a vývoje u těch výzkumných organizací, které dosahují excelentní výsledky v definovaných výzkumných prioritách,
- posílit účelovou podporu institucí, jejichž výsledky se uplatňují v praxi, a účelovou podporu aplikovaného společenskovědního výzkumu,
- hodnocením podpořit orientaci na účast v Horizon Europe a udržet financování výzkumu z evropských fondů
- plně implementovat systém hodnocení dle Metodiky M2017+, sledovat a trvale vyhodnocovat jeho dopady s akcentem dopadů na společnost,
- podpořit výzkumná témata, která průřezově splňují kritéria: světově/oborově relevantní výzkum – dostatečná kapacita navazujícího aplikovaného výzkumu – úspěšné aplikace (nová řešení pro kvalitu života, patenty, prodané licence, produkty) – reálné propojení na oborově korespondující firemní prostředí a na obory s potenciálem průlomových technologií s primárním cílem komercializovat na bázi finální produkce v ČR,
- do roku 2030 dosáhnout excelence ve výzkumu a vývoji podle standardů Evropské výzkumné rady,
- podpořit získávání prostředků z neveřejných zdrojů prostřednictvím finančních nástrojů,
- zjednodušit podmínky a urychlit proces zaměstnávání zahraničních kvalifikovaných pracovníků.

Nástroje:

- Národní politika výzkumu, vývoje a inovací ČR 2021+,
- Národní výzkumná a inovační strategie pro inteligentní specializaci ČR (RIS3),
- příprava zásadní novely nebo nového zákona o podpoře výzkumu, experimentálního vývoje a inovací,
- strategie dlouhodobého financování VaVaI se zapojením zdrojů ze státního rozpočtu,
- vytvoření vyšší státní motivace k využívání daňových odpočtů na VaVaI,
- Zákon o investičních pobídkách ve vazbě na pobídky spojené s VaVaI,
- zapojování firem do projektů výzkumu s výzkumnými organizacemi při soukromém kofinancování,
- vytvoření meziresortní pracovní skupiny pro přípravu cílených grantových schémat podporujících výzkumná témata s inovačním potenciálem a vytváření inovačních řetězců,
- posuzování inovační kapacity jako součást hodnocení výzkumných center excelence,
- vytvoření schématu pro pooling veřejných a soukromých prostředků a financování dlouhodobého výzkumu pro potřeby podniků,
- režim národní podpory pro tuzemské organizace pro čerpání zdrojů z Horizon Europe a aktivní mezinárodní vědní politika směrem k EU pro zvýšení účasti ČR v konsorciálních projektech,
- operační programy financované z fondů EU 2020+ s výrazným zaměřením na VaVaI,
- rozvoj Metodiky M17+ pro jednotlivé segmenty systému výzkumu a vývoje v ČR, tj. plné spuštění všech modulů, uplatnění škálování a posílení provázanosti základního a aplikovaného výzkumu,
- systém hodnocení účelové podpory RVVI respektující Národní politiku VaVaI,
- motivační program pro podporu mezinárodních týmů, zřízení tzv. Welcome Office,
- účelové programy na podporu excelence (ERC-CZ, EXPRO), institucionální podpora excelence, na národní úrovni (CIST) a "pipe-line" programy na přilákání, rozvoj a udržení špičkových vědců na úrovni poskytovatelů a výzkumných organizací,
- podpora Open Access k VaV výsledkům vytvořeným se spolupodílem národních zdrojů.

 **Rada pro výzkum, vývoj a inovace**

Polytechnické vzdělávání

Institucionální odpovědnost: MŠMT/MPO/MZE
Manažerská odpovědnost: zástupce MŠMT

The Country for Technology

Výchozí stav:

Ačkoliv ČR disponuje kvalitním vzdělávacím systémem, oblast polytechnické výuky je dlouhodobě podceňována. Chybí propracovaný systém STEM (Science, Technology, Engineering and Mathematics), který představuje jednu z klíčových kompetencí v rámci nového pojetí kurikula od úrovně mateřských škol přes základní až po středoškolské vzdělávání. Na základních školách je zřetelná absence povinného předmětu zaměřeného na techniku (rozvoj technického myšlení, prakticky aplikovatelných dovedností, jemné motoriky a technické tvořivosti) s vazbou na nové technologie, přičemž dále stagnuje nejen vzdělávání učitelů v daných oblastech, ale také zapojení odborníků z praxe do výuky. Situaci na středních odborných školách charakterizuje nedostatečné propojení výuky s praxí i se základními školami. Dále chybí výuka s prvky duálního systému vzdělávání, systémová a řízená spolupráce škol se zaměstnavateli ve vazbě na regionální infrastrukturu a seznamování žáků a pedagogických pracovníků s nejnovějšími technologiemi. Na polytechnicky orientovaných vysokých školách chybí systém motivující k zakládání spin-offů, start-upů a vytváření přirozené spolupráce studentů s firmami v pokročilých technologiích, včetně zakládání vlastních podniků (tzv. entrepreneurial university). V případě dalšího vzdělávání jsou nízké možnosti rekvalifikace, pokud jde o přípravu na využívání nových technologií spojené se změnami v pracovní náplni. Česká společnost taktéž není dostatečně připravena na využívání disruptivních modelů ve vzdělávání. Toto může ve svém důsledku znamenat další nedostatek kvalifikovaných pracovníků v oblasti nových technologií, a to jak v podnikové praxi, tak ve výzkumné sféře.

Cíle:

- změna systému polytechnického vzdělávání: důraz na kreativitu, badatelské přístupy, technickou představivost, logické a kritické myšlení, řešení problémů, vyhodnocování informací, projektově zaměřenou výuku založenou na znalostním základu přírodních věd a matematiky,
- základní vzdělávání: na úrovni rámcových vzdělávacích programů (RVP) začlenění vzdělávací oblasti „Člověk a technika" s cílem realizace povinného předmětu „Technika" na 2. stupni ZŠ, dle existující podkladové studie k revizím RVP; na úrovni 1. stupně ZŠ implementace učiva o technice do relativně samostatné vzdělávací oblasti a současně implementace technické dovednosti průřezově do všech relevantních předmětů,
- střední odborné vzdělávání: inovace a konsolidace uceleného národního systému s prvky duálního vzdělávání, řízené vládou za spoluúčasti krajů a zaměstnavatelů,
- vysokoškolské vzdělávání: podpora studijních programů zaměřených na pokročilé technologie a motivace k zapojení špičkových osobností do spolupráce s tuzemskými vysokými školami ve všech oblastech,
- podpora celoživotního vzdělávání a re-skillingu – příprava na využívání průlomových technologií,
- analýza dopadů Průmyslu 4.0 na trh práce s cílem adekvátně transformovat vzdělávací soustavu,
- cílená podpora strategických aliancí tuzemských vysokých škol se špičkovými univerzitami Evropy a synchronizace jejich studijních plánů ve vazbě na mobilitu studentů i akademických pracovníků.

Nástroje:

- aktualizace Strategie digitálního vzdělávání vzhledem k nástupu průlomových technologií,
- revize RVP pro ZŠ (aplikace konceptu pracovní skupiny NÚV – Technika), implementace oblasti „Člověk a technika" s předmětem „Technika" a implementace nových technologií do ostatních relevantních předmětů v rámci RVP,
- posílení pregraduální přípravy učitelů s akcentem na využívání nových technologií jako didaktických nástrojů,
- zavedení koncepční podpory inovačního potenciálu žáků a studentů,
- zvyšování digitálních kompetencí učitelů podle Standardu digitálních kompetencí učitele,
- změna právních norem v počátečním vzdělávání a v dalším vzdělávání s využitím prvků duálního systému vzdělávání za účasti zaměstnavatelů, krajů, odborů a rozhodujících resortů,
- vytvoření systému na národní i regionální úrovni pro koordinaci spolupráce škol se zaměstnavateli na bázi duálního vzdělávání s cílem poskytovat firmám metodickou podporu v oblasti odborného vzdělávání a přípravy,
- příprava systému podpory přeškolování pracovníků na národní i regionální úrovni, který bude reagovat na aktuální poptávky trhu,
- vytvoření univerzitních center metodické podpory pro stávající a budoucí pedagogy s cílem dostatečné přípravy na implementaci nových technologií do vzdělávání na ZŠ a SŠ,
- tvorba systému trvalého vyhodnocování dopadů průmyslové revoluce na inovační ekosystém, trh práce, vzdělávání a život občanů,
- vytvoření tzv. Fast track pro přijetí vědců a akademických pracovníků v oblasti pokročilých technologií,
- motivace VŠ k zavádění magisterských a PhD programů v angličtině a cílená státní aktivita v získávání zahraničních studentů na české vysoké školy a jejich propojování s veřejnými výzkumnými institucemi.

Rada pro výzkum, vývoj a inovace

Digitální stát, výroba a služby

The Country
for
Digitalization

Institucionální odpovědnost: Rada vlády pro informační společnost, MPO, MV, ÚV ČR
Manažerská odpovědnost: vládní zmocněnec pro IT, zástupce MPO

Výchozí stav:
V ČR byla v posledních letech zavedena řada důležitých nástrojů pro digitalizaci, kdy se ve veřejné sféře implementovalo více než 700 online řešení. Na druhou stranu byl systém zavádění digitalizace v ČR doposud chaotický, veřejné informační systémy a online nástroje nejsou provázané, přičemž podnikům i občanům nepřináší komfort ani v úspoře času či nákladů. Tím, že je ČR průmyslově vysoce orientovanou zemí, musí být Průmysl 4.0 chápán jako celospolečenský a ekonomický fenomén, determinující naše budoucí postavení ve světovém společenství. Současná vláda z důvodu posílení koordinace postupu v digitální agendě schválila novou strategii Digitální Česko, která obsahuje: Česko v digitální Evropě, Informační koncepce České republiky (Digitální veřejná správa) a Digitální ekonomika a společnost. Digitálním Českem se podařilo překonat dlouholetou sektorovou i tematickou roztříštěnost digitální agendy. Koordinace celé realizace je soustředěna v Radě vlády pro informační společnost (RVIS) pod patronátem a vedením vládního zmocněnce pro IT, realizace bude probíhat v úřadech a resortech v souladu s jejich gescí.

Cíle:
- zajistit online služby pro občany a firmy a přeměnit sítě kontaktních míst pro asistovanou státní správu,
- zavést efektivní a centrálně řízené IT, které bude koordinovat RVIS se zapojením všech ministerstev,
- vytvořit propojený datový fond (data only once) – propojení systémů s cílem využití všech informací, které již státní správa od občana či firmy v minulosti obdržela, s cílem zamezit povinnosti opětovného poskytování dříve poskytnutých informací,
- trvale zabezpečovat online a sdílené služby, vč. průmyslových podniků a systémové bezpečnosti složitých celků (měst, letišť, podniků, elektráren) s využitím inteligentních kybernetických systémů a ošetřením nejzávažnějších rizik,
- zapojit malé a střední firmy do využívání digitálních nástrojů podnikání,
- zajistit komunikaci o aktuálních tématech a příležitostech z digitální agendy EU,
- formulovat měřitelné úrovně implementace Průmyslu 4.0 a vyplývající všeobecně respektované standardy,
- principy Průmyslu 4.0 aplikovat v energetice, zejména v oblasti chytrých sítí, a také v oblasti chytrých měst a regionů,
- nastavit systém pro podporu optimalizace využití zdrojů a ochrany životního prostředí v návaznosti na realizaci Průmyslu 4.0 ve výrobních podnicích a službách,
- připravit společnost na trendy typu IoT, AI, BigData, nové typy rozhraní člověk-stroj atd.,
- podporovat zavádění výsledků aplikovaného výzkumu v oblasti transformativních technologií do praxe.

Nástroje:
- Národní strategie pro umělou inteligenci ve vazbě na Koordinovaný plán pro umělou inteligenci,
- Evropské centrum excelence pro umělou inteligenci v ČR,
- Národní výzkumná a inovační strategie pro inteligentní specializaci ČR (RIS3),
- budování vysokorychlostní infrastruktury jako základu pro online služby,
- přechod na sdílené služby, sdílené platformy a cloud,
- vytvoření cílené edukace malých firem v oblasti digitalizace ve formě Roku digitálního podnikání,
- podpora českých firem a výzkumných organizací v programu Digital Europe,
- podpora volného přístupu výzkumných týmů k výpočetním kapacitám a jejich rozšíření,
- zavádění principů Digital by Default a Data Only Once pro relevantní agendy ve státní správě,
- prosazení zákona o právu občanů na digitální službu,
- pilotní projekty v oblasti využití transformativních technologií ve státní správě,
- jednání v rámci již funkčních platforem s Evropskou komisí a ostatními národními CDO ke strategickým otázkám digitalizace,
- prosazování pozice České republiky jako aktivního hráče v oblasti jednotného digitálního trhu,
- integrace iniciativy Průmysl 4.0 s programem Digitální Česko,
- zavádění finančních nástrojů pro usnadnění robotizace, automatizace a prosazování inovací ve firmách s důrazem na MSP v souladu s definovanými standardy Průmyslu 4.0,
- podpora transformace malých a středních firem – Digital Innovation Hubs,
- podpora technologických řešení a inovací v oblasti automatizace, robotizace, umělé inteligence ve výzvách národních programů VaVaI.

Rada pro výzkum, vývoj a inovace

Národní start-up a spin-off prostředí

The Country for Start-ups

Institucionální odpovědnost: MPO/CzechInvest/ČMZRB/TAČR
Manažerská odpovědnost: GŘ CzechInvest

Výchozí stav:

V ČR je slabší investiční prostředí, které by motivovalo k zakládání a financování nových projektů, avšak existuje částečná podpora start-up projektů prostřednictvím státní agentury CzechInvest formou inkubačních a akceleračních programů. Chybí ovšem ucelená národní koncepce pro jejich zakládání, rozvíjení a financování. Univerzity podporují vznik start-upů/spin-offů nahodile, protože jsou v akademickém prostředí obecně považovány za rizikové. Z pohledu podnikatelské praxe neexistuje dostatečná motivace k využívání akademických výstupů, přičemž přístup korporací i malých a středních firem v ČR je rigidní ke spolupráci se start-upy. Z pohledu samotných mladých českých inovativních firem je jejich schopnost expanze do zahraničí nižší z důvodu nízké internacionalizace.

Cíle:

- vytvořit konkrétní prvky podpory pro vznik a podporu start-upy a spin-offy na národní úrovni a provázat tyto prvky s regionální a mezinárodní podporou,
- vytvořit ucelený program financování s národní podporou pro segment start-upů,
- vytvořit mapu start-upů s cílem provazovat je s investory a poskytovateli podpory,
- zabezpečit výměnu informací a nejlepších zkušeností mezi start-upy na národní úrovni,
- vytvořit prostředí zajímavé pro zahraniční start-upy a technologické týmy k dlouhodobému rozvoji svých aktivit v ČR,
- připravit program účelové podpory TAČR pro start-upy a spin-offy,
- zavést v rámci výuky na všech úrovních škol vzdělávání k nabytí podnikatelských dovedností,
- zavést monitoring a benchmarking inkubátorů, hubů a akcelerátorů.

Nástroje:

- vytvoření Národní agentury pro podporu start-upů v rámci CzechInvestu,
- vytvoření programů Českomoravské záruční a rozvojové banky (ČMZRB) pro financování start-upů, vč. zapojení malých a středních firem pro zakládání vlastních start-upů,
- systém komercializačních institucí u vysokých škol a veřejných výzkumných institucí,
- spolupráce s komerčními korporacemi a potenciálními soukromými investory do rozvoje start-upů,
- vytvoření nástrojů účelové podpory VaVaI v rámci TAČR pro start-upy a spin-offy, vč. systému vyhodnocování,
- vytvoření výzev operačních programů 2020+ pro oblast start-upů a spin-offů,
- cílená podpora univerzitní výuky podnikavosti formou zakládání start-upů a spin-offů,
- podpora regionální struktury na podporu inovativních start-upů a spin-offů,
- rozšíření využívání nástrojů Evropského investičního fondu (EIF),
- vytvoření investičních schémat dle mezinárodních modelů (Izrael, Finsko),
- Proof-of-concept fond,
- Národní výzkumná a inovační strategie pro inteligentní specializaci ČR (RIS3),
- podpora scaling-up úspěšně se rozvíjejících firem a jejich uplatnění na globálních trzích – spolupráce v rámci Týmu Česko,
- cílená podpora zapojení českých malých a středních firem v získávání zahraničních prostředků.

Rada pro výzkum, vývoj a inovace

Inovační a výzkumná centra

Institucionální odpovědnost: RVVI, MŠMT, AVČR, MPO, TAČR
Manažerská odpovědnost: člen předsednictva RVVI

The Country
for
Excellence

Výchozí stav:

ČR je s ohledem na počet a kvalitu výzkumných center a výzkumných infrastruktur na čelních pozicích v EU. Jejich rozvoj ale nebyl řízen s ohledem na výzkumné ani ekonomické priority, v důsledku čehož vznikla řada center, jejichž kapacita bude v budoucnu obtížně využitelná, přičemž v řadě případů dochází k oborovému překryvu. Přesto vznikla řada špičkových výzkumných center v oblasti nových technologií (robotika, laserové technologie, nanotechnologie ad.). Z pohledu podpory těchto center existuje několik systémů, a to institucionální podpora na dlouhodobý koncepční rozvoj výzkumné organizace, podpora pro velké výzkumné infrastruktury a také podpora Národních center kompetence. Podpora je ale provázena byrokracií, nejednotností kontrolních orgánů a poskytovatelů v otázkách povolené veřejné podpory, výběrových řízení, pravidel pro poskytování podpory, přičemž se množí omezení podvazující možnosti veřejného výzkumu a jeho spolupráce s aplikační sférou.

Cíle:

- zaměřit podporu na klíčové trendy, kde se protíná excelence výzkumu, potenciál českých firem a budoucí technologické trendy = Strategie chytré specializace (umělá inteligence, kosmické technologie, laserové technologie, nanotechnologie, biotechnologie, energeticky úsporná řešení, chemie a chemické technologie, klinická medicína a biomedicína ad.),
- vytvořit vzájemně komplementární schéma financování kapacit pro VaVaI z institucionální podpory na dlouhodobý koncepční rozvoj výzkumných organizací a tzv. velkých výzkumných infrastruktur na straně jedné a nástroje pro podporu dlouhodobé strategické spolupráce veřejného výzkumného sektoru a průmyslové sféry v podobě tzv. Národních center kompetence na straně druhé,
- podpora excelentních center vyplývající ze Strategie chytré specializace – světové vizitky ČR v oblasti nejpokročilejších technologií,
- dosáhnout začlenění českých firem do oborových klastrů s účastí výzkumných institucí,
- v rámci podpor z veřejných prostředků specificky podporovat navržená řešení s potenciálem komercializace prostřednictvím ochrany duševního vlastnictví.

Nástroje:

- dlouhodobá strategie oblasti spolupráce soukromého sektoru s výzkumnými pracovišti v oblastech prioritně definovaných státem,
- inovovaná strategie „Institucionální podpory na dlouhodobý koncepční rozvoj výzkumných organizací",
- inovovaná strategie „Velkých výzkumných infrastruktur",
- propojení „Národních center kompetence" a center OP VaVpI s oborovými klastry,
- zapojení klíčových evropských programů pro rozvoj excelentních výzkumných center,
- zapojení evropských operačních programů 2020+ pro budování výzkumných klastrů,
- Národní iniciativa omezení byrokratizace vědy, efektivní úpravy interpretace otázek veřejné podpory, registru smluv a výběrových řízení,
- Národní výzkumná a inovační strategie pro inteligentní specializaci ČR (RIS3).

Rada pro výzkum, vývoj a inovace

Chytré investice

Institucionální odpovědnost: MPO/CzechInvest
Manažerská odpovědnost: zástupce MPO

The Country
for
Investment

Výchozí stav:

ČR dlouhodobě podporovala zejm. zahraniční investice, kdy investiční politika státu realizovaná prostřednictvím agentury CzechInvest přilákala od roku 1993 přímé zahraniční investice v hodnotě 1 bilionu Kč, které vytvořily 250 tis. pracovních míst. Podpora investic firem však nebyla ve většině případů směrována na investice s přidanou hodnotou. Částečná změna nastala až v posledních letech, kdy po odeznění světové hospodářské krize vyhledávaly zahraniční společnosti za podpory CzechInvestu lokality pro umístění operací s vyšší přidanou hodnotou. V současnosti se mění legislativa spojená s podporou investic do projektů spojených s výzkumem a vývojem. Zároveň vznikl Tým Česko, tvořený státními agenturami a bankami, zahrnující podporu podniků od podpory výzkumu, investic až po podporu exportu, včetně financování.

Cíle:
- dosáhnout zvýšení objemu firemních investic s vysokou přidanou hodnotou,
- dosáhnout zvýšení objemu firemních investic, v jejichž rámci budou využívány výsledky výzkumu realizovaného ve výzkumných organizacích,
- dosáhnout zvýšení objemu využívání daňových odpočtů na investice do VaVaI,
- podpořit české podniky investující v zahraničí do výzkumu a vývoje a do inovativních projektů,
- podpořit investice realizující strategii Průmysl 4.0,
- dosáhnout zvýšení investic do perspektivních odvětví (např. umělá inteligence, kosmické technologie, laserové technologie, nanotechnologie, biotechnologie, energeticky úsporná řešení, chemie a chemické technologie aj.)
- podpořit, aby veřejné zakázky podporovaly investice do inovací,
- propojit investice do obrany a bezpečnosti s podporou průmyslového výzkumu,
- podpořit modernizaci průmyslové báze české ekonomiky,
- zohlednit v rámci investiční politiky státu (veřejného investování) řešení umožňující adaptaci na změnu klimatu, řešení problematiky sucha a potravinové bezpečnosti.

Nástroje:
- změnit pravidla podpory firemních investic formou pobídek tak, aby byly podpořeny investice s vysokou přidanou hodnotou, vč. zapojení těchto firem do spolupráce s výzkumnými centry a výzkumnými organizacemi,
- zakomponovat do podpory investic vyšší podporu malých a středních firem s potenciálem růstu produkce s vysokou přidanou hodnotou,
- zaměřit se zejména na podporu investic v oblastech klíčových trendů, dle Strategie chytré specializace, Národního kosmického plánu, Strategie podpory umělé inteligence aj.,
- vytvořit systém technologického foresightu (horizon scanning),
- zaměřit systém veřejných zakázek více na nákupy inovativních technologií – v rámci zákona o veřejných zakázkách připravit metodický list zohledňují tzv. best value,
- vytvořit Národní investiční plán,
- vytvořit systém motivace pro stávající zahraniční investory, kteří mají dobrou zkušenost s ČR, aby přemístili své VaVaI a distribuční a marketingové aktivity do ČR,
- vytvořit prostřednictvím Týmu Česko systém motivace pro české firmy investující v zahraničí do inovativních a technologických projektů,
- aktualizovat legislativu spojenou s odpočty na VaVaI a vytvořit edukační systém pro firmy,
- vytvořit systém dlouhodobého propojení investic do obrany s podporou českého průmyslu tak, aby české firmy byly součástí vývoje nejnovějších systémů a měly možnost je za daných podmínek převádět i do civilní sféry, ale také naopak z civilních podniků do oblasti obranného průmyslu,
- aplikovat tzv. adaptační strategii – skloubení inovace, a kde je to relevantní, i potřeby připravovat se na klimatickou změnu,
- pravidelně vyhodnocovat dopady veřejné podpory inovativních procesů v komerční/firemní oblasti,
- vytvořit v rámci Týmu Česko produkt založený na podpoře podniků zapojených do celého cyklu (od investice do výzkumu a vývoje až po export finálního produktu), na jehož základě by zejm. malé a střední podniky získaly ucelenou nabídku financování, investiční podpory pro inovace, podpory pro patentování až po podporu exportní.

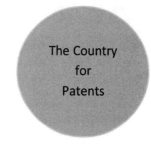

Rada pro výzkum, vývoj a inovace

Ochrana duševního vlastnictví

Institucionální odpovědnost: MPO/Úřad průmyslového vlastnictví
Manažerská odpovědnost: předseda ÚPV

Výchozí stav:

V ČR se ve srovnání s nejvyspělejšími zeměmi nedostatečně využívá nástrojů ochrany duševního vlastnictví (DV), což se projevuje nízkým počtem udělovaných národních a zahraničních patentů. Povědomí o potřebě chránit DV je stále slabé, přičemž v řídicích dokumentech, a to ani ve strategických a koncepčních dokumentech výzkumu, vývoje a inovací, nebyla této problematice dosud věnována dostatečná pozornost. Spolupráce se všemi typy škol při tvorbě vzdělávacích programů není systematická, existuje pouze podpora a ad hoc aktivity v přednáškové činnosti.

Cíle:

- zvýšit povědomí o ochraně DV – nastavení těsnější spolupráce se všemi stupni vzdělávání jak v přednáškové činnosti, tak především při tvorbě vzdělávacích programů,
- zvýšit povědomí o ochraně DV ve výrobní a aplikační sféře, a to již ve fázi výzkumu,
- zvýšit využívání ochrany duševního vlastnictví, zejména patentů s komerčním potenciálem,
- využívat patentové informace před formulací vědeckých, výzkumných a inovativních záměrů,
- cíle a následná opatření Koncepce podpory ochrany DV, zejména patentů, promítnout do ostatních řidicích dokumentů EU a ČR.

Nástroje:

- vytvoření ucelené Koncepce podpory ochrany duševního vlastnictví, zejména patentů
- dlouhodobá podpora provozu center transferu technologií a znalostí na VO a VŠ,
- nastavení finančních podpor dle stanovených cílů Koncepce podpory ochrany DV,
- poskytování vzdělávacích služeb pro všechny stupně vzdělávání v oblasti DV,
- motivace k využívání licenční politiky pro dosažení špičkové úrovně,
- podílení se na formulaci řidicích dokumentů EU a ČR tak, aby v nich byly promítnuty cíle Koncepce podpory ochrany DV,
- nastavení nástrojů finanční podpory pro efektivní využívání systému ochrany DV,
- nastavení nástrojů podpory vymáhání práv z DV,
- evidování a propagace finanční podpory ochrany a vymáhání práv DV.

Rada pro výzkum, vývoj a inovace

Mobilita a stavební prostředí

Institucionální odpovědnost: MD, MMR, Rada vlády pro veřejné investování, HK
Manažerská odpovědnost: zástupce MD, zástupce MMR

The Country
for
Smart
Infrastructure

Výchozí stav:
ČR buduje páteřní síť komunikací, přičemž je na řadě míst situace zablokovaná kvůli zdlouhavým řízením. Budují se a propojují jednotlivé konvenční dopravně telematické prvky a pilotně se testuje nasazení nových tak, aby byly vytvářeny, zpracovávány a dále poskytovány informace v dostatečné kvalitě pro řízení a ovlivňování dopravy. Na druhou stranu není vybudována dostatečně dimenzovaná síť dobíjecích stanic schopná absorbovat přicházející nárůst počtu elektromobilů. Dopravní infrastruktura ani legislativa není zatím připravena na nasazení datově propojených a autonomních či automatizovaných vozidel do provozu. Není rovněž dostatečně řešena otázka city logistiky. ČR sice disponuje kvalitní výzkumnou, podnikovou i vzdělávací kapacitou v oblasti stavebnictví, vč. připravenosti realizovat stavby spojené s pokročilými technologiemi, současně se ale ČR neustále propadá na mezinárodním žebříčku v rychlosti vyřizování stavebního řízení. S cílem řešit tuto oblast vznikla Rada pro veřejné investování a začíná se připravovat rekodifikace veřejného stavebního práva.

Cíle:
- zajistit široké a dostupné využití spolehlivých služeb chytré mobility pro přepravu osob a věcí,
- dobudovat páteřní síť dopravní infrastruktury,
- vybudovat dostatečně robustní síť dopravně telematických systémů v ČR (na úrovni státu i regionů) a integrovat data z nich do Národního dopravního informačního centra (NDIC) za účelem jejich dalšího využívání pro řízení a ovlivňování dopravy a poskytování k jejich dalšímu využití soukromou sférou,
- synchronizovat a koordinovat aktivity státní správy a samosprávy z oblasti budování dopravní sítě a zajišťování dopravy, včetně zajištění potřeb osob s omezenou schopností pohybu a orientace,
- zajistit integrovaný přístup dopravců ve veřejné osobní dopravě,
- zajistit vysokou míru intermodality a podporovat vznik logistických center,
- připravit se na široké nasazení automobilů s alternativním pohonem do reálného provozu a umožněním provozu autonomních a automatizovaných vozidel, podpořit další rozvoj automobilového průmyslu v ČR,
- vytvořit cílenou koncepci podpory chytrých měst, včetně problematiky city logistiky,
- podporovat realizaci rozsáhlých demonstračních a testovacích pilotních projektů řešení chytré mobility,
- zajistit povolovací proces stavebního řízení se závaznými a vymahatelnými lhůtami maximálně 1 rok,
- zjednodušit a zrychlit administrativní procesy stavebního řízení a postupy ve vazbě na digitalizaci.

Nástroje:
- Dopravní politika ČR,
- Koncepce veřejné osobní dopravy,
- Akční plán rozvoje inteligentních dopravních systémů,
- Akční plán čisté mobility (budování dobíjecích stanic pro elektromobily ap.),
- Akční plán pro budoucnost automobilového průmyslu ČR,
- Vize rozvoje autonomní mobility a Akční plán autonomního řízení,
- Koncepce výzkumu, vývoje a inovací v rezortu dopravy do roku 2030,
- programy ESIF, CEF, SFDI, Centrum dopravního výzkumu,
- Zákon o zrychlené výstavbě dopravní infrastruktury („liniový zákon"),
- novelizace zákona o silničním provozu, zákona o pozemních komunikacích ap.,
- Koncepce Chytrých měst a regionů na národní úrovni,
- vytvoření odděleného odborně kvalifikovaného stavebního úřadu,
- jasné vymezení kompetencí na bázi politiky státu a samospráv ve stavebním řízení,
- integrace a revize dotčených veřejných zájmů,
- zavedení apelačního principu v přezkumu a současně principu koncentrace,
- definování ochrany stavebního veřejného zájmu (zavedení evropské směrnice TIA – Territorial Impact Assessment),
- zavedení závazného „celorepublikového územního plánu", což umožní koordinovat a přiměřeně využívat zdroje (voda, finance, infrastruktura, energie) a chránit např. přírodní bohatství, potravinovou bezpečnost, vojenskou bezpečnost atd.

Rada pro výzkum, vývoj a inovace

Chytrý marketing

The Country
for Smart
People

Institucionální odpovědnost: RVVI/MPO/MZV/CzechInvest
Manažerská odpovědnost: zástupce RVVI

Výchozí stav:

Vytváření dobrého jména České republiky jako vysoce inovativní země je nahodilý proces. ČR je v zahraničí propagována primárně tradičním způsobem (země piva, hokeje, broušeného skla a památek). Výjimku tvoří některé mezinárodní expozice, např. EXPO, kde je dlouhodobá snaha prezentovat ČR rovněž jako technologicky vyspělou zemi. Chybí ale ucelená komunikační strategie, vč. jednotné grafické koncepce, do které by se zapojily klíčové veřejné i privátní instituce. Výsledkem je marketingová roztříštěnost, a to jak na bázi produktové (prezentace top oborů, ve kterých patří ČR ke světové špičce), tak na bázi komunikační (reklama, PR, přímý marketing). Důsledkem je to, že ČR není i přes řadu výjimečných úspěchů v oblastech nejnovějších trendů ve vědě, výzkumu a komerčních aplikacích vnímána jako země inovativních příležitostí s výjimečným lidským potenciálem v řadě technologických oborů.

Cíle:

- vybudovat značku České republiky jako sebevědomého inovačního lídra – komunikovat ČR jako zemi s vědeckým potenciálem, vyspělým průmyslem a výzkumem v četných oborech, se vzdělanými a vynalézavými lidmi s velkou invencí,
- prezentovat jak minulé světové úspěchy, tak současný inovační ekosystém, vč. moderní Inovační strategie,
- značku postavit na excelenci českých výzkumných center, unikátních produktech českých firem, špičkové vědě v nejpokročilejších technologiích a úspěšných jedincích v oblasti inovací.

Nástroje:

- vybudování marketingového týmu, který bude systematicky zavádět nové prvky komunikace ČR napříč resorty, výzkumnými organizacemi a podniky,
- vytvoření grafického manuálu pro strategii „The Czech Republic: The Country for the Future" a zavedení jeho prvků do klíčových národních i mezinárodních dokumentů a aktivit (konference, výstavy, EXPO, předsednictví EU ad.), vč. zakomponování do online komunikačních nástrojů odborně příslušných veřejných institucí, velvyslanectví, zahraničních zastoupení ČR a Českých center,
- vytvoření nástrojů komunikačního mixu (reklama, PR, podpora, přímý marketing) pro koncepci ČR-Inovační lídr Evropy 2030, a to zejm. na bázi nových komunikačních technologií s využitím sociálních sítí apod.,
- zahájení dlouhodobé komunikační kampaně opřené o příklady vědeckých a komerčních úspěchů, vč. úspěchů vědeckých týmů a jejich lídrů ve vybraných technologických oblastech: umělá inteligence – energeticky efektivní systémy – laserové technologie – nanotechnologie – kosmické technologie – biotechnologie – chemie a chemické technologie ad.,
- aktivní vystupování za ČR jako za technologického lídra na mezinárodní úrovni (EU, OECD ad.), klíčová role předsedy vlády, resortních ministrů, velvyslanců a zahraničních zastoupení ČR,
- zařazování odborníků s přehledem o inovačním a výzkumném potenciálu ČR do delegací ústavních činitelů s konkrétním cílem mise,
- organizace incomingových misí zahraničních odborníků a vědců majících vliv na výzkumné politiky jejich států s cílem angažovat je v národním VaVaI a představit jim to nejlepší z českého výzkumu a inovací,
- systematické propagování příležitosti výzkumných pozic v České republice ve více jazykových mutacích, komunikace tzv. Welcome Office pro zahraniční vědce,
- organizování tematicky zaměřených technologických misí českých odborníků do zemí s kooperačním potenciálem.

Závěrem

Česká republika má mimořádnou příležitost stát se do roku 2030 jedním z inovačních lídrů Evropy. Jak prokazuje mezinárodní srovnání, má k tomu potenciál v rozhodujících nástrojích pozitivních změn, a to především v inovační infrastruktuře a podpoře digitalizace. K faktickému inovačnímu potenciálu má také jasnou představu, co je pro změnu třeba udělat, což prokazuje desatero akčního plánu, tzn. devět oblastí, které jsou významné pro změnu. V neposlední řadě má rovněž politickou vůli k provedení těchto změn.

Jedním z prvních kroků bude snaha zvýšit **výdaje na výzkum a vývoj**. Tyto výdaje budou vázány na hodnocení výzkumu, který bude stále kvalitnější v mezinárodním srovnání a stále užitečnější pro dobrý život lidí v Česku.

Jako průmyslová země, která dovedností svých lidí byla vždy na předních místech vývoje, se neobáváme změn označovaných jako Průmysl 4.0, ale budeme podporovat takový výzkum a vývoj, který posílí místo České republiky ve světě, zejména **v oblasti umělé inteligence** a digitalizace hospodářských odvětví. Ke kvalitě života občanů přispěje také **digitalizace služeb veřejné správy**, možnost poskytnout svá data veřejné správě pouze jednou a z jednoho místa s ní komunikovat. Zvláště významné bude prosazení práva občanů na digitální službu.

Ve světě platíme za mimořádně vynalézavý a kreativní národ. Vždycky jsme měli mimořádný technický potenciál, schopné inženýry a techniky. Nové výzvy vyžadují účinný systém **polytechnického vzdělávání**, nové způsoby výuky, digitální vzdělávání, podporu technického vzdělávání a manuální zručnosti již od školek. Budou upraveny školské vzdělávací programy, dále vzděláváni učitelé s praxí, a v tomto smyslu budou vedeni i studenti učitelských oborů.

Soustavně bude také posilována ochrana **duševního vlastnictví**. To vyžaduje zejména podporu systematického vzdělávání v této oblasti již od základních škol, podporu patentové ochrany a vymáhání práv v této oblasti.

Bude dále posílena **podpora endogenních českých firem, spin-offů a start-upů, které vzniknou jak z akademického výzkumu, tak přirozených potřeb podniků** ve všech oblastech společenských potřeb. Podle izraelského vzoru budeme vytvářet prostředí, kde stát podpoří svými nástroji nejrizikovější období vzniku nových firem.

S podporou z EU fondů a národních prostředků budou **podporována nejperspektivnější centra a výzkumné infrastruktury**, a to jak centra, která mohou dosáhnout mezinárodního významu, tak inovační centra, která budou vysoce užitečná pro českou společnost a hospodářství.

Produkční potenciál ekonomiky ČR, který byl v minulosti podpořen investičními pobídkami, bude obnovován a rozšiřován s podmínkou vazby **na vysokou přidanou hodnotu produkce a spolupráci s výzkumnou infrastrukturou ČR. Investice v ČR** byly v minulosti orientovány na podporu zaměstnanosti, přičemž **budou dále orientovány na podporu inovativnosti**.

Dnešní a budoucí infrastruktura zahrnuje nejen silnice, dálnice a železnice, ale také telekomunikační infrastrukturu a s ní spojenou logistiku. Budeme připraveni na autonomní dopravu, nové pohony dopravních prostředků, mj. s ohledem na dopady klimatických změn. V krátkém čase **dojde k reformě stavebního práva** tak, aby se **zásadně urychlil schvalovací proces** a bylo možné veškerou infrastrukturu stavět v krátkém čase po vzoru nejdynamičtějších inovativních zemí.

Československo bylo ve světě pojem. Česká republika má „nárok" na obdobný brand. Budou **použity všechny významné komunikační prostředky** k systematické podpoře, aby tato značka ve světě rostla jako značka **dynamické země, která má kvalitní podmínky pro život lidí**.

"一带一路"框架下
浙江与捷克经贸合作发展报告
（2019）

张海燕　郑亚莉　周俊子　著

浙江大学出版社

序　言

捷克共和国地处欧洲中部，经济发达、社会稳定，目前是欧盟成员国中经济发展最快的国家之一。2005 年以来，捷克一直被世界银行列为高收入国家，2018 年在国际三大知名信用评级机构的最新国家信用排名中位列欧盟成员国第十一位、中东欧国家第一位。捷克拥有得天独厚的区位优势，属于申根国家，交通便利，基础设施状况良好，可发展成为欧亚大陆的连接枢纽；工业基础雄厚，拥有众多优质技术工人，汽车及其零部件、机械制造、电子电气、飞机制造、生物制药、纳米和新材料等产业具有全球竞争力；法律健全，社会安定，是外资进入中东欧市场的优选目标，是中东欧地区吸引外资最成功的国家之一。

"16+1 合作"和"一带一路"倡议提出以来，中捷经贸合作进入政府推动、市场助力的新时期。双边贸易额连续五年突破 100 亿美元，占中国与中东欧 16 国贸易总额的 1/5。2018 年中捷贸易额首次超过 150 亿美元，达到 163.09 亿美元，同比增长 31.5%。中国成为捷克第三大贸易伙伴，捷克是中国在中东欧地区的第二大贸易伙伴。双向投资发展迅速，双方金融合作不断深化，人文交流日益活跃。2018 年，浙江在对捷合作中交上了一份令人满意的答卷。贸易方面，浙江与捷克进出口贸易规模达到 9.32 亿美元，同比增长近 1/4。投资方面，浙江对捷克投资表现抢眼，投资备案金额达到 3.40 亿美元。更可喜的变化是随着投资规模的扩大，浙捷投资在新能源汽车等重点合作领域出现投资集聚趋势，万向 A123（捷克）有限公司、新坐标（欧洲）有限公司、宁波耐克泰克继峰汽车部件有限公司、宁波瑞克赛尔汽车零部件有限公司等投资项目形成产业外溢效应，推动双方沿产业链深化合作。人文交流方面，浙捷合作日益深化，亮点纷呈，形式丰富，有力推动了双方民心相通，增进了双方友谊。

2018 年为捷克共和国建国 100 周年[1]，2019 年为中捷建交 70 周年[2]。值此之际，《"一带一路"框架下浙江与捷克经贸合作发展报告（2019）》发布。与以往的报告不同，2019 年报告既有现状分析，也有历史总结与趋势分析。报告分为三篇，即"现状篇""发展篇""专题篇"。"现状篇"以数据呈现浙江与捷克 2018 年双方进出口贸易、双向投资和人文交流情况。"发展篇"总结 2018 年捷克经济发展状况，并对捷克 2019 年经济发展趋势进行预测，为有意开展对捷经贸合作的企业和机构提供决策参考。"专题篇"主题确定为"合作与创新"，分为两部分。第一部分回顾中捷建交 70 年来双边经贸合作发展情况，分析现阶段中捷贸易合作的特征，基于此强调中捷双边应深化产业链合作，提高经济依存度。第二部分展望未来，关注科技创新领域，为读者剖析捷克共和国最新制订的重点战略《未来之国：捷克共和国创新战略（2019—2030）》。该战略锁定数字化、创业孵化与智慧基础设施三个战略方向和人工智能、生物技术等八个战略领域，意在通过打造覆盖完整创新链的创新生态体系，使捷克到 2030 年成为欧洲的创新领跑者。这一目标与 2018 年 12 月浙江省科技新政明确的"互联网+"和生命健康两大目标高度契合，无疑，浙江是中国推进与捷克创新合作最适配的省份之一，科技创新合作也将成为浙捷未来合作的重点领域。

本报告以中、英、捷三语同时呈现。郑亚莉负责报告框架设计、研究指导和审阅通稿，并执笔撰写"专题篇"的部分内容；张海燕负责撰写的具体组织及初稿审阅，并执笔撰写"现状篇"与"专题篇"的部分内容；周俊子执笔撰写"现状篇"与"发展篇"的部分内容；魏吉执笔撰写"专题篇"的

---

1 第一次世界大战导致奥匈帝国瓦解，1918 年 10 月 28 日，捷克斯洛伐克共和国成立。1993 年 1 月，捷、斯分别独立，捷克沿用 10 月 28 日为国庆日。捷克人习惯上把 1918 年视作这个国家的起始年份。

2 中国同原捷克斯洛伐克于 1949 年 10 月 6 日建交。1993 年 1 月 1 日，捷克共和国成为独立主权国家，中方即予以承认并与之建立大使级外交关系。双方商定，继续沿用 1949 年 10 月 6 日为两国建交日。

部分内容。朱慧芬负责英文版翻译的组织及审阅通稿；朱慧芬、吕方伊负责"现状篇"的翻译和部分"专题篇"的撰写；范爽爽、徐蕾负责部分"发展篇"和"专题篇"的撰写。徐伟珠负责捷克文版翻译的组织及审阅通稿，Renata Cuhlova 负责捷克文版的复核。我们希望以这份报告为媒介，加强与捷克及全球"一带一路"研究者之间的讨论交流，推动科研合作，携手贡献更多更好的研究成果。

　　本报告是浙江金融职业学院捷克研究中心的年度主打研究成果。本中心是经教育部备案设立的区域国别研究中心，是致力于捷克政治、经济、文化、社会等各方面综合研究的开放型研究平台，是服务于"一带一路"建设需要的新型智库。

　　由于研究团队水平所限，不当之处在所难免，敬请社会各方批评指正。

郑亚莉

浙江金融职业学院院长
捷克研究中心主任

目　录

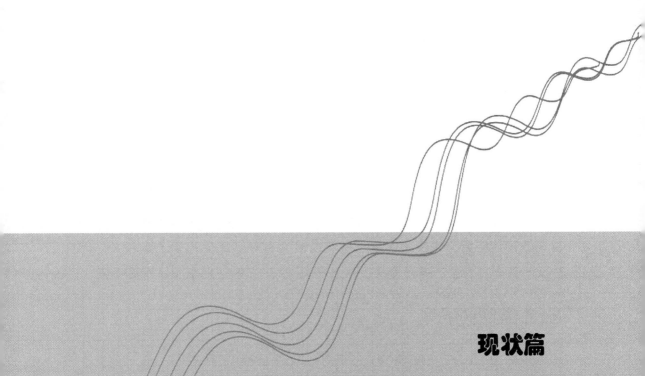

现状篇

2018 年浙江与捷克双方经贸合作现状分析

内容提要

◆ 双方货物贸易情况

2018 年，浙江与捷克货物贸易进出口总额为 9.32 亿美元。其中，浙江向捷克出口 7.95 亿美元，自捷克进口 1.37 亿美元，贸易进出口不平衡现象依旧明显。贸易商品结构上，浙江主要向捷克出口纺织服装、电线电缆类商品，主要自捷克进口机电产品及原材料、资源性产品，捷克特色优质消费品进口潜力仍有待挖掘。贸易主体上，浙江向捷克出口企业以民营企业为主，进口则以外资企业为主，跨境电商企业、外贸综合服务企业等主体作用增强。

◆ 双向投资情况

截至 2018 年年底，捷克累计在浙江投资设立 99 家企业，主要集中在纺织服装、汽车零部件等行业。浙江在捷克共投资 19 家企业，主要集中在批发业、铁路、船舶、航空航天和其他运输设备制造业、金属制品业等行业。2018 年万向 A123（捷克）有限公司、欧洲华捷发展有限公司、新坐标（欧洲）有限公司等企业在捷克开展优质项目投资。

◆ 人文交流情况

2018 年，浙江与捷克的人文交流更加活跃，亮点纷呈。教育合作不断深化：有 2 所院校新增捷克语专业，双方合作新建孔子学院 1 所。人文交流形式丰富：浙江金融职业学院捷克馆顺利建成并开馆，西湖主题水印版画展、浙江（捷克）电影周等活动隆重举行。借力中国—欧盟旅游年活动，浙江与捷克旅游合作深入推进，旅游热持续升温。

浙江一直重视挖掘与捷克的双向合作潜力，推动双方经贸往来，扩大双向投资规模，密切两地人文交流。2018 年，浙江在对捷合作中交上了一份令人满意的答卷。贸易方面，浙江与捷克进出口贸易规模达到 9.32 亿美元，同比增长近 1/4。投资方面，浙江对捷克投资表现抢眼，投资备案金额达到 3.40 亿美元。更可喜的变化是伴随投资规模的扩大，浙捷投资在新能源汽车等重点合作领域出现投资集聚趋势，万向 A123（捷克）有限公司、新坐标（欧洲）有限公司、宁波耐克泰克继峰汽车部件有限公司、宁波瑞克赛尔汽车零部件有限公司等投资项目形成产业外溢效应，推动双方沿产业链深化合作。人文交流方面，浙捷合作日益深化，形式丰富，亮点纷呈，有力推动了双方民心相通，增进了双方的友谊。

一、双方货物贸易情况

（一）总体情况

双方进出口贸易规模达到 9.32 亿美元，同比增长 24.04%，但总体规模仍不大，贸易不平衡现象依旧明显。

2009—2018 年，浙江与捷克进出口贸易规模 10 年间增长 1.28 倍。如图 1-1 所示，双方贸易额从 4.09 亿美元增加至 9.32 亿美元，年均增长 9.58%。其中，浙江向捷克出口从 3.48 亿美元增加至 7.95 亿美元，年均增长 9.61%；自捷克进口从 0.61 亿美元增加至 1.37 亿美元，年均增长 9.41%。2018 年，浙江与捷克进出口贸易额创历史新高，达到 9.32 亿美元，同比增长 24.04%，与浙江同期进出口增速（11.38%）相比高近 13 个百分点。其中，浙江向捷克出口 7.95 亿美元，同比增长 24.80%；自捷克进口 1.37 亿美元，同比增长 19.80%。

总体来看，浙捷进出口贸易额增长迅速，但总体规模仍不大；从贸易流向看，浙江向捷克出口规模远大于自捷克进口规模，贸易不平衡现象仍较为明显。

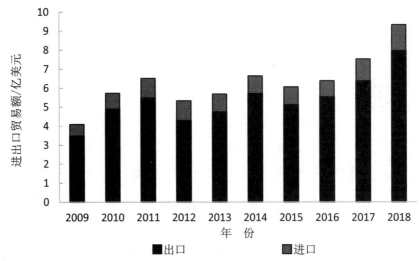

图 1-1　2009—2018 年浙江与捷克进出口贸易规模

（数据来源：浙江省商务厅）

（二）贸易商品结构

浙江主要向捷克出口服装、纺织品、电线电缆等产品，主要自捷克进口机电产品及原材料、资源性产品。

出口方面，2018 年浙江向捷克出口的主要商品前 10 位如图 1-2 所示，服装及衣着附件、电线和电缆等是主要出口产品。其中，服装及衣着附件优势明显，2018 年出口额达到 8676.60 万美元，占 2018 年浙江向捷克出口总额的 10.91%。如将排名第四位的纺织纱线、织物及制品合并计算，纺织服装类产品出口突破 1 亿美元，在浙江向捷克出口额中占比近 15%。紧随其后的电线和电缆、电动机及发电机出口额仅为 3000 万美元左右，出口规模差距较大。

目前，浙江向捷克出口的主要商品集中度低于同期浙江省总体水平。2018 年，浙江向捷克出口的前 10 位商品出口额占浙江向捷克出口总额的 36.41%，比浙江省出口前 10 位商品在浙江全年出口总额中的占比低 5 个百分点。浙江向捷克出口商品集中度高于浙江总体水平的商品主要包括服装及衣着附件、电线和电缆、钢铁或铜制标准紧固件和汽车零部件。

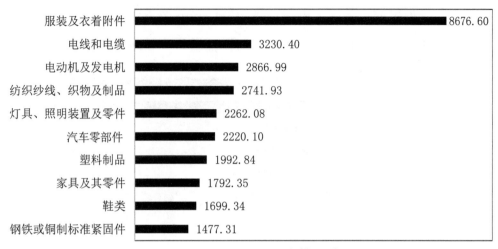

出口规模/万美元

图 1-2　2018 年浙江向捷克出口主要商品规模

（数据来源：浙江省商务厅）

进口方面，2018 年浙江自捷克进口的主要商品前 10 位如图 1-3 所示，废金属、金属加工机床等商品是主要进口商品。浙江自捷克进口的前 10 位商品进口额占同期浙江自捷克进口总额的 45.03%，产品集中度高于出口主要产品集中度，也高于浙江省同期进口主要商品总体集中度，一定程度上反映出浙江对捷克商品的主要需求领域。其中，金属加工机床，计量检测分析自控仪器及器具，印刷、装订机械及零件等共 6 种机电产品合计进口额达到 3148.05 万美元，占浙江自捷克进口总额的 23.02%；废金属、初级形状的塑料、原木等原材料、资源性产品合计进口额达到 2542.69 万美元，占 2018 年浙江自捷克进口总额的 18.60%。

目前，浙江与捷克货物贸易仍存在明显的进出口不平衡现象。要改变这种局面，需要对以下事实有清醒认识。

第一，在商品结构上，浙江与捷克均不是资源富裕型主体，因此资源性商品进出口贸易不可能有大规模扩张，不会成为双方贸易的主要商品。工业中间品、制成品应该成为双方贸易的重点领域，通过深化产业合作扩大双方工业品贸易规模仍大有可为。扩大捷克消费品进口本是缩小贸易逆差的主要方法之一，但需要解决中东欧进口消费品同质竞争严重及捷克自身产品供应能力不足两个瓶颈，短期内难有大幅提升，而且国内市场培育仍需一定时日。

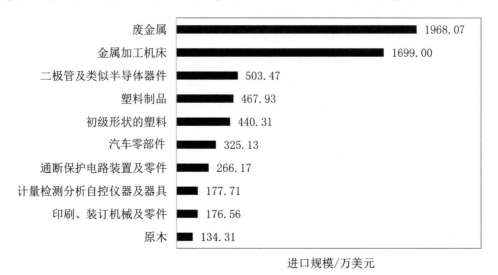

图 1-3　2018 年浙江自捷克进口主要商品规模

（数据来源：浙江省商务厅）

第二，"浙江制造"具有较强的国际市场竞争力，"捷克制造"则更多地融入了以德国为中心的欧洲产业链，因此，推动、鼓励捷克企业与浙江企业开展产业链合作，发挥各自的技术优势、制造优势或市场优势，共同提升产业链竞争力，方是实现双方贸易持续增长的长远之计。

第三，加强三方合作意识或有助于推动浙捷合作进入新阶段，尤其是发挥捷克在欧洲的区位优势与产业链优势，搭建浙江—捷克—西欧、北欧等国的合作通道，共同开发国际市场，创造多方合作共赢的格局。

（三）贸易主体结构

出口以民营企业为主，进口以外资企业为主，跨境电商企业、外贸综合服务企业等主体作用增强。

依出口规模排名，2018 年浙江向捷克出口前 20 位的企业包括：杭州松下马达有限公司、义乌市文善进出口有限公司、阿斯莫（杭州萧山）微电机有限公司、浙江春风动力股份有限公司、宁波麦博韦尔移动电话有限公司、杭州炬华科技股份有限公司、浙江科恩洁具有限公司、杭州海康威视科技有限公司、浙江兆龙互连科技股份有限公司、慈溪冬宫电器有限公司、宁波宏一电子科技有限公司、宁波保税区海天贸易有限公司、浙江海利得新材料股份有限公司、日本电产芝浦（浙江）有限公司、宁波森语国际贸易有限公司、中基宁波集团股份有限公司、浙江耶米玛服饰有限公司、义乌市棠玛进出口有限公司、宁波市德霖机械有限公司、宁波博大机械有限公司等。从企业性质看，浙江向捷克出口前 20 位企业中的 11 家民营企业发挥着浙江向捷克出口主力军的作用。从业务模式看，市场采购、跨境电商等外贸新业态业务规模逐步扩大。外贸综合服务企业在推动广大中小微外贸企业发展方面发挥着积极作用，如宁波中基惠通集团股份有限公司作为一家集外贸、物流、金融、跨境电商、海外仓功能于一体的外贸综合服务企业，为中小微外贸企业提供线上线下一体化全程服务，助推其开拓捷克及欧洲市场。

依进口规模排名，2018 年浙江自捷克进口前 20 位的企业包括：中国宁波国际合作有限责任公司、化药（湖州）安全器材有限公司、宁波金田铜业（集团）股份有限公司、百利得（湖州）汽车安全系统有限公司、乐高玩具制造（嘉兴）有限公司、浙江新光饰品股份有限公司、嘉善华瑞赛晶电气设备科技有限公司、宁波立得购电子商务有限公司、宁波共益合金科技有限公司、海伦钢琴股份有限公司、浙江柳桥实业有限公司、眼力健（杭州）制药有限公司、宁波会德丰铜业有限公司、宁波华翔特雷姆汽车饰件有限公司、浙江融易通企业服务有限公司、杭州凯特对外贸易有限公司、均胜汽车安全系统（长兴）有限公司、科世科汽车部件（平湖）有限公司、葛洲坝展慈（宁波）金属工业有限公司、浙江军联铜业有限公司等。从企业性质看，浙江自捷克进口前 20 位企业包括外商独资、中外合资、台港澳合资企业 10 家。与2017 年相比，2018 年浙江从捷克进口的商品在汽车零部件、金属加工等领域集聚趋势增强，2018 年浙江自捷克进口的前 20 强企业中涉及汽车零部件企业 4 家、金属及其制品企业 3 家。

二、双向投资情况

（一）捷克企业在浙江的投资情况

截至 2018 年年底，捷克累计在浙江投资设立 99 家企业，合同外资 9705 万美元，实际外资 7982 万美元。投资主要集中在纺织服装、皮革服装、汽车零部件及配件、棉和化纤针织品及编织品等行业。

目前，捷克企业在浙江投资规模较大的项目有以下几个。

1. 金华光华印务制衣有限公司

金华光华印务制衣有限公司成立于 2002 年 8 月，由捷克恒祥股份有限公司和金华市光华印刷厂共同投资设立，实际外资 300 万美元，主营出版物、包装装潢印刷品印刷等。目前，公司已成长为浙中地区商务印刷的骨干企业，是浙江省文化产品出口重点企业，拥有一批稳定的国内外客户群，产品远销北美、西欧、东南亚、中东等地区。

作为捷方投资主体，捷克恒祥股份有限公司目前已在中国投资项目 4 个，且全部集中在浙江省，合计投资额 2930 万美元，超过捷克累计在浙江实际投资额的 1/3。除了金华光华印务制衣有限公司，另外 3 个项目按投资规模排序分别是：2005 年投资成立金华冠华水晶有限公司，实际外资 2160 万美元，从事非金属矿物制品制造；2008 年投资成立温州百吉贸易有限公司，实际外资 400 万美元，从事灯具、装饰物品批发；2005 年投资成立浦江恒捷水晶有限公司，实际外资 70 万美元，从事工艺美术品制造。

2. 宁波瑞克赛尔汽车零部件有限公司

宁波瑞克赛尔汽车零部件有限公司成立于 2006 年 10 月，由捷克瑞克赛尔内饰件公司（RECTICEL Interiors CZ s.r.o.）投资设立，实际外资投资额为 500 万美元，从事汽车零部件及配件制造，是瑞克赛尔在中国投资的第一个项目。瑞克赛尔是欧洲最大的聚氨酯海绵制造商，主要生产优质聚氨酯泡沫塑料，为所有主要汽车品牌供应内饰部件，比如长期为德国奔驰、宝马汽车公司供应座位和仪表台泡沫板。宁波瑞克赛尔汽车零部件有限公司则致力于汽车零部件、汽车内饰件的开发生产，目前已形成汽车仪表板 200 万件的年生产能力，主要供应上海大众、雪铁龙、青年等汽车公司。

（二）浙江企业在捷克的投资[1]情况

截至 2018 年年底，经核准，浙江在捷克共投资 19 家企业，投资总额为 3.59 亿美元，其中，中方投资备案额为 3.58 亿美元。投资主要集中在批发业、铁路、船舶、航空航天和其他运输设备制造、金属制品等行业。

目前，浙江企业在捷克投资规模较大的项目有以下几个。

1. 万向 A123（捷克）有限公司

万向 A123（捷克）有限公司由 A123 公司于 2016 年在捷克摩拉维亚-西里西亚州俄斯特拉发市投资设立。2018 年，万向 A123（捷克）有限公司投资主体调整为万向一二三股份公司，中方投资备案额为 2.98 亿美元，主要从事电气机械和器材制造业，主要任务是为欧洲客户提供锂电池模组和系统。

万向一二三是万向集团旗下专业的锂离子动力电池制造企业，公司在美国密歇根州和马萨诸塞州、中国杭州、德国斯图加特、捷克俄斯特拉发等地设有研发、制造基地和销售网点。2017 年 3 月 2 日，万向一二三在捷克的锂电池工厂举行开工庆典。该工厂是万向一二三全球业务战略布局的重要组成部分，将配合德国斯图加特的技术中心一起开展工作，服务需求日益增长的欧洲市场，其中包括戴姆勒奔驰、保时捷、捷豹路虎等欧洲汽车整车企业。在万向集团的战略规划中，捷克被定位为万向集团在欧洲的生产基地。2018 年，万向一二三继续增资捷克公司即是执行该战略的具体举措。

2. 欧洲华捷发展有限公司

浙江着力打造"一带一路"捷克站，建设具有服务中心、贸易中转、物流中枢功能并涵盖物流、商贸、加工制造、综合服务等区块的开放综合体。"一带一路"捷克站意在发挥捷克在新亚欧大陆桥建设中的区位优势与产业优势，立足捷克，辐射欧洲，推动中欧经贸发展。目前，"一带一路"捷克站已获批浙江省级境外经贸合作区。

---

1 浙江在捷克的投资规模根据现行统计口径统计。

欧洲华捷发展有限公司是"一带一路"捷克站境外平台公司，负责捷克站的建设运营，由浙江华捷投资发展有限公司投资设立，中方投资备案额为3000万美元，主要从事商务服务业。"一带一路"捷克站按照一场多园统筹布局，主要在捷克建设五个子项目：一是货运场，建设铁路专用货运站和铁路专用线，服务"义新欧"等中欧班列，打造中欧班列捷克枢纽。二是物流园，建设集仓储、保税、分拨、配送、智能调度等于一体的海外仓。三是商贸园，主要建设"浙江制造"欧洲分销中心和欧洲商品汇集进口中心，拓展进出口的双向贸易。四是工业园，是在捷克设立新产品制造基地和工业设计研发基地，建设浙江企业进入欧盟的生产加工区与科创功能区。五是综合服务园，提供科技合作、信息发布、关务管理、金融服务、经贸咨询、商务办公、文化交流等一站式服务。截至2018年年底，"一带一路"捷克站货运场与物流园子项目已正式运营。

3. 新坐标（欧洲）有限公司

新坐标（欧洲）有限公司由杭州新坐标科技股份有限公司于2017年在捷克摩拉维亚-西里西亚州俄斯特拉发市投资设立，注册资本为500万捷克克朗（约20万欧元），后续将根据业务开展的实际情况逐步增加投资，最终注册资本不超过8200万捷克克朗（约320万欧元），中方备案投资额为1179万美元，从事金属制品业，主要任务是投资建设汽车零部件及其他机械零部件欧洲基地项目。

新坐标（欧洲）有限公司是新坐标公司为进一步开拓其国际业务，快速响应欧洲客户的服务需求，增强公司的综合竞争能力而设立的欧洲生产基地。该基地将配备先进的现代化生产设备及精良团队，以提升新坐标的生产能力及研发和服务实力。目前该项目正在开展厂房装修、设备投入、团队建设工作，预计2019年投产供货，形成年产100万台套液压挺柱、滚轮摇臂和年产250万台套高压泵挺柱的生产规模。

三、人文交流情况

（一）教育合作亮点纷呈，形式多元成效显现

截至 2018 年年底，浙江与捷克开展教育合作的学校和机构主要包括浙江大学、浙江理工大学、浙江中医药大学、浙江万里学院、杭州电子科技大学、浙江工商大学、温州大学、中国计量大学、浙江外国语学院、浙江越秀外国语学院、浙江金融职业学院等高校及浙江文澜教育集团等。2018 年 3 月，浙江外国语学院和浙江越秀外国语学院同时获批新增捷克语专业，开展捷克语人才培养。6 月，第五届中国（宁波）—中东欧国家教育合作交流会暨"一带一路"国家教育合作高峰论坛在宁波举办，共签署 17 项教育合作协议，丝路联盟国际商务 MOOC 开发中心、中国（宁波）—中东欧企业家教授联盟等一批合作项目和平台启动，中国（宁波）—中东欧城市基建教育与投资合作研究平台正式揭牌。浙江工商大学、温州大学均与捷克生命科学大学签署合作协议。11 月，孔子学院总部/国家汉办、中国计量大学与捷克布拉格金融管理大学共同签署合作协议，设立布拉格金融管理大学孔子学院。11 月 19 日，浙江金融职业学院捷克馆顺利建成并开馆，致力打造浙江省内推进浙捷合作和社会公众更好了解捷克的展示窗口、学生学习捷克文化的第二课堂教学基地、开展浙捷经贸合作培训的文化讲堂和展示浙捷人文交流和友谊的社会博物馆。与此同时，也有越来越多的捷克青年来浙江求学。浙江与捷克已逐步形成覆盖基础教育、职业教育、高等教育等不同教育类型，短期交流、项目合作与学历教育相结合的多元教育合作格局。

（二）旅游热持续升温，释放红利后劲可期

2018 年是中国—欧盟旅游年，中捷旅游热也持续升温。捷克统计局数据显示，2018 年，近 62 万中国游客赴捷克旅游，同比增长 26.5%。中国是捷克第四大外国游客来源国，位于德国、斯洛伐克、波兰之后。中国旅游研究院与携程旗下华程国旅集团联合发布的《2018 年中欧旅游大数据报告》显示，捷克入选中国游客心中的欧洲十大热门目的地，是中国游客人次增长最多的

欧洲目的地国家之一。浙捷双向旅游推介也如火如荼。2018年5月，宁波首度在捷克首都布拉格举办了"海丝古港 微笑宁波"旅游推介会，全方位展示了宁波悠久的人文历史和"海丝活化石"的魅力。同年6月，中国（宁波）——中东欧国家旅游合作交流会在宁波举行。在会上，浙东南中东欧双向旅游推广联盟成立，并与捷克旅游业联盟签署了战略合作协议。系列推广活动进一步推动了浙江与捷克以及其他中东欧国家间的旅游合作，加强了双向人文交流。浙江与捷克都有着丰富的优质旅游资源，双方旅游合作红利值得进一步期待。

（三）文化交流日益活跃，频繁互动深化合作

2018年，浙江与捷克开展了形式丰富的文化交流活动，涉及画展、电影放映、文艺演出等。6月，浙江金融职业学院文化交流团赴捷克开展文艺演出，传播中华传统文化，展现中华艺术之美。通过舞蹈《烟雨西湖》、茶艺表演《漂洋过海来寻你》、单弦《杭州人儿》等节目，文化交流团为捷克民众呈现出中华优秀传统文化的独特魅力和江南水乡的婉约风情。8月，由浙江省文化厅和捷克摩拉维亚-西里西亚州政府共同主办、中国驻捷克共和国大使馆协办、浙江美术馆承办的"湖山胜概——西湖主题水印版画展"在俄斯特拉发市开幕。此次画展是中国版画在捷克的首次展出，共展出23组西湖主题的水印版画，增进了当地民众对西湖的历史与现状的了解，欣赏了中国浙江的山、水、诗、情，感受了浙江人民悠久深厚的人文传统。9月，由浙江省新闻出版广电局主办的浙江（捷克）电影周在捷克首都布拉格开幕。电影周期间，《七十七天》《西小河的夏天》《美丽童年》《狄仁杰之四大天王》《荡寇风云》《情探》等六部特色鲜明、风格各异的浙产影片在布拉格的埃瓦尔德剧院、卡罗维发利的温莎·拉兹尼第三大厅剧院上映。电影周期间，双方还开展了浙捷影视产业商务接洽、影视企业合作洽谈等活动，如浙江杭州佳平影业公司与捷克双星电影公司签约影片《情定布拉格》合作拍摄项目。丰富多彩的人文交流活动增进了浙江与捷克双方人民的相互了解，是推动民心相通的夯基之作。

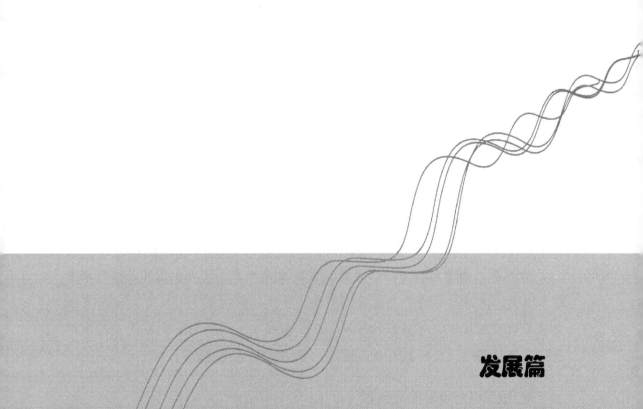

发展篇

2018 年捷克经济发展情况分析与趋势预测

内容提要

◆ 2018 年捷克经济发展概况

2018 年，捷克经济总体维持上行态势，但是增速放缓。当年捷克 GDP 总值达到 5.30 万亿捷克克朗（约折合 2420.52 亿美元），人均 GDP 达到 22850.32 美元，全年 GDP 增速为 2.9%，较 2017 年的 4.5% 增速有所放缓。制造业对捷克 GDP 增长的贡献率最大，尤其是汽车制造、电子及光学等行业。

2018 年，消费与投资依然是捷克经济增长的主要动力，尤其是家庭消费增长迅速，同时政府消费支出大幅增加，企业投资需求依旧旺盛。2018 年捷克进出口增速放缓，贸易结构保持稳定，80% 以上进出口贸易在欧盟范围内进行。通货膨胀压力依然存在，货币政策仍有趋紧态势。

◆ 捷克经济发展趋势预测

2019 年，捷克经济总体将保持增长态势，增速会进一步放缓。预计 2019 年捷克 GDP 增速为 2.4%，2020 年将维持 2.4% 的增速不变。消费将保持增长，尤其家庭消费动力强劲，政府消费保持增长。投资将保持活跃，但增速会低于 2018 年。2019 年捷克的进出口贸易对 GDP 的贡献率可能为负值。预计 2019 年捷克的通货膨胀率将维持在 2.3% 的水平，2020 年有望下降至 1.6% 左右。2019 年和 2020 年捷克的失业率均将维持在 2.2%。

2019 年捷克经济增长的有利因素主要包括经济稳定性高、投资增长后劲充足、创新+数字化战略利好等；不利因素主要包括全球贸易保护升级、英国脱欧消极影响、通货膨胀压力与国内劳动力紧缺等。

捷克经济 2018 年整体维持上行态势，但是增速放缓；2019 年将维持这一趋势，但是增速会进一步放缓。2018 年捷克 GDP 实现 2.9% 的增长率，预计 2019 年 GDP 增长率将回落至 2.4%。消费与投资仍是捷克经济增长的主要动力。家庭消费动力十足，消费者信心保持在较高水平，主要源自可支配收入的不断增加。政府消费支出大幅增加。投资方面，企业需求依旧旺盛，政府公共投资仍将继续增加。2018 年捷克通货膨胀率呈现持续下降趋势，但是 2019 年通货膨胀率压力依然存在。受内外影响因素共同作用，2018 年捷克进出口贸易增速放缓，其中外部影响更为明显。2019 年继续受贸易摩擦与英国脱欧等因素影响，捷克进出口贸易形势更为严峻。

一、2018 年捷克经济发展概况

（一）2018 年捷克经济总体维持上行态势，但增速放缓

2018 年，捷克 GDP 总值达到 5.30 万亿捷克克朗（约折合 2420.52 亿美元），人均 GDP 达到 22850.32 美元，是同年中国人均 GDP 的 2.33 倍。全年 GDP 增速为 2.9%，高于捷克财政部 2.8% 的全年预期，但较 2017 年 4.5% 的 GDP 增速有所放缓。

分季度看，捷克 2018 年第一季度经济实现开门红，GDP 同比增长 4.2%。第二、三季度受劳动力成本上涨、外部经济环境不确定性增强等因素影响，GDP 年增长率分别回落至 2.4%、2.5%。第四季度，捷克 GDP 增长率再次拉高至 2.8%。此番增长主要受进出口增长、政府支出增长等利好因素刺激，季度增长率达到 1.0%，为过去六个季度中的最高增速。

分产业看，制造业对捷克 GDP 增长的贡献率最大，是捷克名副其实的支柱产业。如图 2-1 所示，2018 年，捷克制造业共创造产值 1.29 万亿捷克克朗，占全年 GDP 总值的 24.19%，占比接近 1/4，尤其是汽车制造、电子及光学等行业为 GDP 增长做出了较大贡献。紧随其后的是贸易、运输仓储、餐饮业，对 GDP 的贡献率达到 16.85%。公共管理、教育、卫生和社会服务业对 GDP 的贡献率为 13.86%，房地产业和建筑业对 GDP 的贡献率分别是 7.89% 和 4.87%。信息通信业在 GDP 中的占比有所提高，其 2018 年全年产值占 GDP 总额的 4.65%。

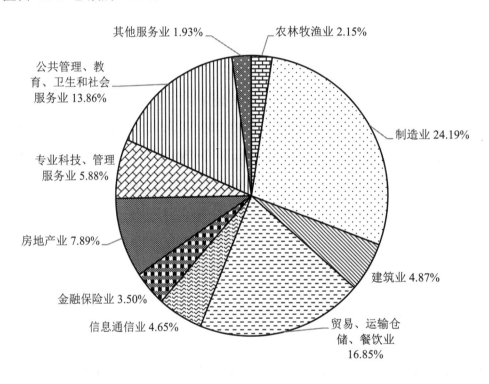

图 2-1　2018 年捷克 GDP 行业分布

（数据来源：捷克统计局）

（二）消费与投资需求旺盛，市场依旧活跃

2018 年捷克 GDP 保持持续增长态势，消费与投资依然是经济增长的主要动力（见图 2-2）。捷克全年消费总额达到 1656.56 亿美元，同比增长 10.26%，

占 GDP 总额的 68.44%。家庭消费依旧动力十足，全年家庭消费总额达到 1149.82 亿美元，占消费总额的比重为 69.41%，同比增长 8.75%，表明消费者信心依旧保持在较高水平，这主要得益于捷克家庭可支配收入的不断增加。2018 年 12 月，欧洲统计局公布了欧盟成员国个人实际消费指数排名，捷克在欧盟 11 个中东欧成员国中排名第二，位于立陶宛之后，高于斯洛文尼亚、波兰等国家。

2018 年，捷克政府的消费支出大幅度增加，全年政府的消费支出为 490.48 亿美元，相比 2017 年增加支出 59 亿美元，同比增长 13.71%。其主要原因在于，2017 年 10 月至 2018 年 7 月，新政府执政前由临时政府代管，对政府预算支出安排造成一定的影响。预计政府支出的增长势头会一直持续到 2021 年大选。

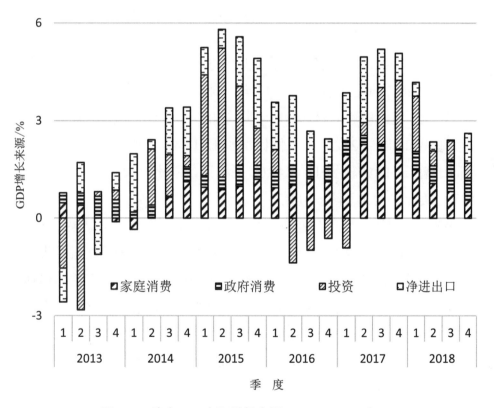

图 2-2　捷克 GDP 实际增长来源（2013—2018 年）

（数据来源：捷克统计局）

投资方面，企业需求依旧旺盛，固定资本形成率保持了 10.1% 的高增长率。2018 年捷克全年新增投资 640.63 亿美元，较去年同期增长 43.65 亿美元，增幅达 7.31%，主要用于建筑和机械设备投资。企业投资增加主要受三方面因素驱动：一是 2018 年 5 月欧盟新一轮预算法案终于获批，欧洲结构和投资基金对欧盟成员国的金融支持力度得以彰显；二是捷克私人企业科技创新的内在需求促使企业加大投资，强化技术改造；三是捷克目前实际利率水平较低，劳动力成本高企，两者比较使得资本相对于劳动力而言成本更低，企业倾向于采取"机器换人"策略。因此，2018 年捷克投资增长达到近年来的峰值。

（三）进出口增速放缓，贸易结构保持稳定

全球金融危机及其引发的全球经济震荡对捷克经济产生了明显的冲击，2012 年、2013 年捷克 GDP 出现负增长。自 2014 年起，捷克经济强劲反弹，在欧盟成员国中经济复苏表现亮眼，其中进出口贸易的快速增长功不可没，这一趋势在 2017 年达到高峰。2018 年，捷克货物进出口贸易受外部不确定性因素影响，进出口贸易增速有所下降。如图 2-3 所示，2018 年捷克全年实现货物进出口 3875.32 亿美元，同比增长 12.13%。其中，出口 2026.30 亿美元，同比增长 11.19%；进口 1849.02 亿美元，同比增长 13.18%。贸易顺差 177.28 亿美元，同比下降 6.01%。

2018 年捷克进出口贸易增速放缓是内外因素共同作用的结果，其中外部因素作用更为明显。内部因素主要体现在捷克国内劳动力紧缺引发生产成本上升，产能受限，进而影响出口能力与国际竞争力。外部因素主要包括：美国重拾贸易保护主义引发世界各国对贸易战的忧虑，悲观情绪影响企业新订单规模；英国脱欧令欧盟各国对英贸易行为受到影响；此外，能源产品，尤其是天然气、电力等价格上涨，进一步加剧了出口成本上升。在内外因素的综合作用下，捷克出口贸易受到影响。

贸易国别方面，捷克货物贸易的 70% 以上是在欧盟区域内进行的。2018 年捷克对欧盟（28 国，统计数据仍包含英国）的出口额为 1704.94 亿美元，增长 11.58%，占其出口总额的 84.14%；自欧盟（28 国）的进口额为 1191.39

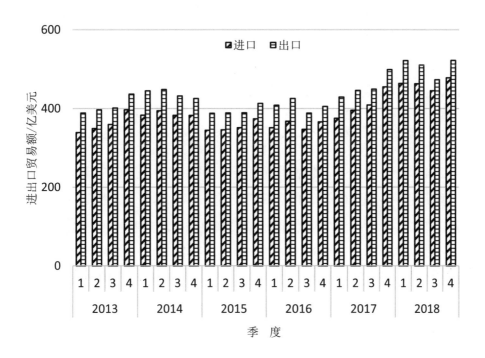

图 2-3　捷克进出口贸易规模

（数据来源：捷克统计局）

亿美元，增长 10.73%，占其进口总额的 64.43%。捷克出口目标国前五位依次为德国（32.39%）、斯洛伐克（7.56%）、波兰（6.05%）、法国（5.11%）和英国（4.68%）。德国在捷克进出口贸易中占据绝对的统治地位。中国是捷克第十七位出口目标国，全年捷克向中国出口货物 25.84 亿美元，主要出口商品为核反应堆、锅炉、机器和机械设备及零部件，电气设备、录音设备及其零件，光学、摄影、电影、计量等设备，木材或纸浆，铁路或电车轨道以外的车辆及零部件。捷克进口来源国前五位依次为德国（24.95%）、中国（14.23%）、波兰（7.64%）、斯洛伐克（4.96%）和意大利（4.12%）。2018年，捷克自中国进口货物 260.49 亿美元，贸易逆差达 234.65 亿美元，主要进口商品包括电气设备、录音设备及其零件，核反应堆、锅炉、机器和机械设备及零部件，玩具、游戏及运动器材及零件，非针织或钩编服装及辅料、铁路或电车轨道以外的车辆及零部件。

汇率方面，2018 年捷克克朗汇率水平缓慢回落，由第一季度的 CZK25.402/EUR 逐渐回落至第四季度的 CZK25.862/EUR。作为出口导向型国家，适度的汇率回落有助于扩大出口，捷克第四季度的进出口贸易回暖也在一定程度上反映了汇率回落的效果。

（四）通货膨胀压力依然存在，货币政策仍有趋紧态势

如图 2-4 所示，2018 年捷克通货膨胀率为 2.1%，较 2017 年下降 0.4 个百分点，但仍是捷克近 10 年来通胀率较高的一年，其主要原因在于 2018 年捷克住房、燃油、食品、饮料、烟草、餐饮和住宿等价格上涨。捷克央行一直严密监控通货膨胀水平，将通货膨胀率的监管目标设定为 2% 的水平，允许上下浮动 1 个百分点。自 2017 年年底通货膨胀达到 2.5% 的历史新高以来，捷克央行不断收紧货币政策以抑制通胀水平继续升高。

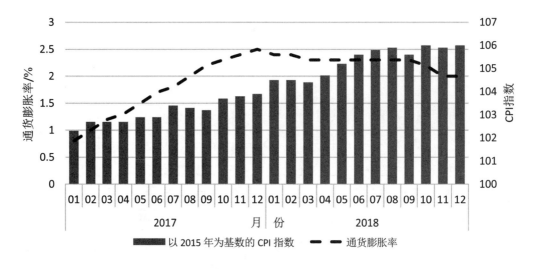

图 2-4 捷克 CPI 指数

（数据来源：捷克统计局）

2018 年，捷克的通货膨胀率呈现持续下降趋势，2018 年 11 月终于回降至 2% 的水平，捷克央行也暂时搁置第八次调高两周回购利率的操作（见图

2-5）。事实上，自 2008 年全球金融危机爆发至 2017 年，捷克央行 10 年间持续执行宽松政策，银行间两周回购利率由 2008 年的 3.5% 不断下调，至 2012 年 11 月起执行 0.05% 的低利率直至 2017 年 8 月。2017 年，由于通货膨胀率超过央行监管区间，捷克央行开始收紧货币政策，2017 年 8 月将两周回购利率提高至 0.25%。这是自 2008 年以来捷克央行首次提高利率。自此，利率上行通道开启，捷克央行先后于 2017 年 8 月、11 月和 2018 年 2 月、6 月、8 月、9 月、11 月连续七次加息，把两周回购利率提高至 1.75%。2018 年 12 月，捷克通货膨胀率维持在 2%，捷克央行也暂时维持指导利率水平不变。但随着经济持续向好，消费、投资活跃，2019 年 5 月，捷克央行再次将两周回购利率提高 25 个基点，达到了 2%，这已经是捷克央行在 20 个月中的第八次加息。

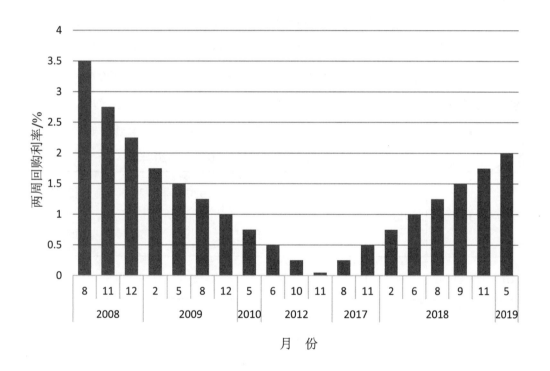

图 2-5　捷克央行两周回购利率变化

（数据来源：捷克央行）

二、捷克经济发展趋势预测

（一）总体趋势

2019 年捷克经济总体将保持增长态势不变，但增速会进一步放缓。捷克财政部 2019 年 4 月的最新预测再次调低了对 2019 年 GDP 增速的预测值，从 1 月份预测的 2.5% 调低至 2.4%。2020 年 GDP 增速仍保持 2.4% 不变，那将是自 2014 年以来 GDP 增速的最低值（见表 2-1）。消费是捷克经济增长的重要动力，尤其是来自家庭消费的强劲支持——极低的失业率及急剧增加的养老金为捷克家庭消费提供了保障。政府消费也将保持增长态势，投资将依旧活跃，尽管程度会低于 2018 年。2019 年，捷克的进出口贸易对 GDP 的贡献率可能为负值。

自 2017 年年初以来，消费者价格指数增长一直徘徊在捷克国家银行 2% 通胀目标监管的浮动上限。预计 2019 年捷克的通货膨胀率仍将维持在 2.3% 左右，2020 年通货膨胀率有望下降至 1.6% 左右。2019 年和 2020 年捷克的失业率预测维持在 2.2%。

表 2-1　捷克 GDP 增速预测调整（2017—2020 年）

年份与预测	2017 年	2018 年	2019 年	2020 年	2018 年	2019 年
		最新预测			前次预测	
GDP 增速（%）	4.3	2.9	2.4	2.4	2.8	2.5

（数据来源：捷克财政部）

（二）有利因素

1. 捷克经济稳定性高

安联集团发布的欧洲监测报告对欧盟各国的财政可持续性、竞争力、就业和生产力、外债等四个方面的指标进行了整体评估。结果显示，鉴于私人和公共部门低负债及积极的劳动力市场状况，捷克的经济稳定性和健康状况指数为 7.8，在欧洲排名第四位，位列德国、荷兰和斯洛文尼亚之后，高于欧盟整体平均水平（6.8）。

2. 投资增长后劲充足

根据捷克财政部公布的 2019 年预算计划，其资本支出将进一步增加。该计划要求在 2019 年的预算中增加 36% 的投资拨款。此外，捷克总理巴比什表示，一项为期 11 年、涉及 1.7 万个项目、总投资额 3.45 万亿捷克克朗的国家投资计划目前正处于最后的筹划阶段。该计划包括多个部门的基础设施项目，涉及资金规模大约是捷克年度预算收入的两倍，其中约 2 万亿捷克克朗将用于交通基础设施建设。该笔资金中超过一半将会投入国家道路建设，其余大部分则会用于公路基础设施建设。捷克现任政府希望在 2022 年任期结束前支出 1.23 万亿捷克克朗，由此可以预见，未来几年内捷克政府的公共投资仍将继续增加。

3. 创新＋数字化战略利好

2018 年，捷克发布《数字捷克 2.0 规划——数字经济之路》，更新国家数字化转型政策，包括推动高质量基础设施建设、进一步发展数字服务以及提升公民数字素养三大支柱，致力于进一步发展现代化 ICT 技术和服务。2019 年 2 月，捷克政府研发和创新委员会发布《未来之国：捷克共和国创新战略（2019—2030）》，致力于将捷克打造成欧洲创新领跑者。该战略包括九大支柱，涉及研发、数字化、知识产权、智慧投资与营销等方面，以及研发税收减免形式、支持从基础研究到最终创新及其回归科学的"创新链"、捷克科技海外推广等内容。该战略关于数字化的发展与"数字捷克"战略相一致。两项战略的发布将为捷克产业升级带来更大动能。

（三）不利因素

1. 贸易保护升级

世界范围内的贸易摩擦对捷克经济发展带来消极影响。一方面是美欧贸易局势的影响。2018 年 6 月，特朗普威胁对欧盟进口汽车加征关税，其中涉及由欧洲向美国出口的价值 530 亿美元的汽车和汽车零部件，原定征税时间窗口是 2019 年 5 月 18 日。捷克作为欧洲尤其是德国诸多汽车厂家的供应商，将会受到欧洲对美国汽车出口下降的直接影响。另一方面是中美贸易局势的影响。中美贸易战升级将波及全球产业链，而中国和美国均是欧洲（包括捷克）的重要贸易伙伴，捷克企业在产业链上下游与各方的合作难以割裂。作为出口导向型经济，捷克经济增长受国际市场贸易形势的影响较为明显。

2. 英国脱欧传导

英国脱欧将对捷克经济产生消极影响。据捷克财政部预测，若英国"无协议脱欧"，捷克经济增速将下降 0.6～0.8 个百分点，2019 年 GDP 增长率会降至 2%以下。英国脱欧对捷克经济的影响主要有两个方面。一是直接影响。捷克是典型的外向型经济体，外部需求一直是其经济增长的重要动力之一。英国自 2000 年以来一直稳居捷克出口主要目标国的前六位，且 2018 年捷克向英国出口 94.58 亿美元。进一步细分英国与捷克间贸易商品结构，则会发现英国脱欧将严重影响捷克出口的核心部门。2018 年，铁路或电车轨道以外的车辆及零部件是捷克出口英国的最主要商品，出口规模高达 26.65 亿美元，占同期出口英国商品总额的 28.17%。核反应堆、锅炉、机器和机械设备，电气设备及其零件排名第二、三位，分别占 2018 年捷克出口英国商品总额的 24.04%、19.24%。众所周知，汽车、机械行业是捷克国民经济的支柱行业，如因英国脱欧导致上述行业出口受阻，必将对捷克经济增长造成实质性影响。二是间接影响。受英国脱欧事件影响，欧洲经济发展不确定性增加，欧盟各国中，无论是德国、法国等西方发达国家，还是捷克、波兰等中东欧国家，各国经济波动都将通过传导机制继续影响其他周边国家。因此，捷克面临的外部环境不单单是英国一国需求减少引发的消极影响，还包括欧洲各国间的相互影响。而且，如果英国"无协议脱欧"，欧盟 2014—2020 年度预算收入将受到严重影响，从而导致各成员国向欧盟交纳的款项增多。就捷克而言，每年对欧盟的支出将增至 30 亿克朗（约合 1.4 亿美元）。

3. 通货膨胀压力

2019 年捷克通货膨胀压力依然存在，央行货币政策仍然趋紧。主要原因在于：一方面，目前由于天然气、电力等能源价格呈现增长态势，价格传导机制将发挥作用，从而引发一系列生产环节成本的增加和商品价格的上涨；另一方面，2018 年捷克干旱少雨导致农业歉收，将引发粮食价格上涨，进一步推高通货膨胀率。此外，由于劳动力紧缺问题一直困扰捷克经济发展，企业成本消化能力有限，部分成本会转嫁给消费者，价格水平将进一步提高。

4. 国内劳动力紧缺

目前，中欧各国均面临一定程度的劳动力紧缺问题，具有熟练技能的技术工人更是严重紧缺。根据捷克劳工部统计，目前已有 50 万外来人员在捷克工作，其中，0.7 万人来自德国，1.5 万人来自英国、意大利和西班牙，1.25 万人来自斯洛伐克。但其中 80% 的外国人是不具备技术操作能力的非技术工人，他们主要来自乌克兰、罗马尼亚等国家。因此，捷克各行业的技术工人用工缺口仍然非常明显。最新公布的数据显示，2018 年 12 月捷克失业率仅为 2.2%，相比去年同期下降 0.2 个百分点。其中，男性从业人员失业率仅为 1.8%，女性失业率为 2.6%。2018 年捷克工人工资持续上涨，月平均工资 32147 克朗（约合 1479 美元），同比增长 5%，企业支付的工资成本增长 9%。劳动力短缺现象在一定时期内仍将持续，将制约经济的进一步增长。

专题篇

合作与创新

内 容 提 要

◆ 中捷建交 70 年双边经贸合作分析

2019 年为中捷两国建交 70 周年。70 年来，经贸合作对推动两国关系发展起到了积极作用。中国改革开放以来，中捷经贸合作日益深化，可大体划分为四个阶段，即 1978—1992 年、1993—2000 年、2001—2011 年、2012 年至今。

政府推动，市场助力，中捷双边贸易因此规模不断扩大，商品结构不断优化，但也存在一些问题。现阶段，中捷双边贸易的主要特征表现为：贸易规模不断扩大，贸易不平衡现象明显；贸易商品高度集中，产业集聚趋势明显；贸易商品结构不断优化，双方产业链依存度提升。为进一步推动双边贸易优质发展，中捷双方应以产业链视角推动重点产业深度、全面合作；应重视但不局限于中捷制造业合作，关注制造业研发、设计、技术、服务、管理等环节的产业合作；应加强基础研究，加强推广普及，增强双边了解，强化政府服务功能。

◆ 捷克共和国创新战略（2019—2030）分析

捷克共和国创新战略由捷克政府研发和创新委员会负责制订，捷克政府办公室、工业和贸易部、农业部等 11 家政府部门与协会共同参与制订，捷克科学院、捷克技术大学、捷克-摩拉维亚担保与发展银行等机构提供支持，是捷克政府、企业、大学与科研机构共同参与、合力打造的多方共识文件。

该战略致力于到 2030 年将捷克建设成欧洲的创新领跑者。为此，该战略共设计了九大支柱，即将捷克打造为研发之国、技术之国、创业之国、数字之国、卓越之国、投资之国、专利之国、智慧基础设施之国与智慧民众之国，可以归纳为一个目标、三个战略方向和八个战略产业。捷克政府为保证创新战略的实施效果，构建了由三项保障措施和两大支持体系构成的支撑保障体系。

一、中捷建交 70 年双边经贸合作分析

中国同捷克斯洛伐克于 1949 年 10 月 6 日建交。1993 年，捷克共和国成为独立主权国家，中方即与之建立大使级外交关系。1994 年，中捷签署换文协议，确认中国与捷克斯洛伐克联邦缔结的条约、协定继续有效。2016 年 3 月，中捷两国元首签署《中华人民共和国和捷克共和国关于建立战略伙伴关系的联合声明》。2019 年是两国建交 70 周年。70 年来，经贸合作一直是两国的联结纽带，对推动双边关系发展起到了积极的作用。

（一）中捷双边贸易发展历程

中国与捷克的经贸合作由来已久，可追溯至捷克斯洛伐克共和国时期，至今已有百年历史。早在 20 世纪 20 年代，中国就与捷克斯洛伐克通过第三方（英国和奥地利的公司）开展贸易。1930 年，南京国民政府与捷克斯洛伐克正式签署双边贸易协定，标志着双方贸易合作的正式开启，贸易商品主要为军用物资与生产设备。中华人民共和国成立后，中国与捷克斯洛伐克先后签订了双边贸易协定和科技合作协议。50 年代，中捷贸易持续增长，进出口贸易基本平衡。进入 60 年代，双边贸易规模剧增，达到 50 年代的 8 倍之多，中国成为当时捷克斯洛伐克的第三大贸易伙伴，位于苏联和德意志民主共和国之后。改革开放后，中捷经贸往来随着外部政策环境的变化大体经历了四个发展阶段，呈现出贸易规模不断扩大、商品结构不断优化、合作模式不断升级的总体趋势，从最初单纯的商品贸易，升级到商品、技术和服务贸易有机结合的综合体系。

第一阶段为 1978 年至 1992 年。1978 年中国改革开放后，中捷两国经济合作逐渐恢复，先后签订了多项经济技术合作协议，如《中华人民共和国政府和捷克斯洛伐克社会主义共和国政府经济技术合作协定》（1984 年）、《关于

对所得避免双重征税和防止偷漏税的协定》（1987年）、《关于长期经济和科学技术合作基本方向的协定》（1988年）等。在双方的共同努力下，中捷双边贸易额从1978年的2.28亿美元上升至1988年的9.64亿美元，增长显著。中国出口捷克斯洛伐克的商品从以原材料和食品为主，向以日用品、消费品为主转变。1989年11月，捷克政局发生剧变，中捷关系一度疏远。1991年，双方贸易方式从原来的记账贸易方式改为现汇贸易方式，双方贸易额一度大幅下降。

第二阶段为1993年至2000年。1993年1月1日捷克共和国成立。同年2月，《中捷海关事务合作协定》生效；同年11月，中捷两国相互给予对方最惠国待遇，签署双边经济贸易协定，为双边经贸关系的发展奠定了良好的基础。这一阶段双方经贸合作日益增多，贸易规模稳步增长，从1993年的3.4亿美元增长至2000年的4.37亿美元，年均增长3.65%（如图3-1所示）。该阶段，由于政治观点上的分歧，两国政治关系长期在低谷徘徊，虽然经贸合作没有中断，但贸易和投资总体规模偏小。

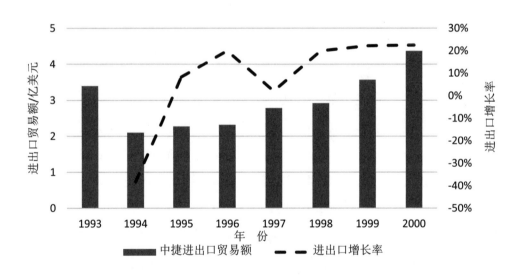

图 3-1　1993—2000 年中国与捷克双边贸易情况

（数据来源：《中国商务年鉴》）

第三阶段为2001年至2011年。2001年，中国加入世界贸易组织（WTO），向国际社会扩大开放。2003年9月，欧盟推出新的对华关系战略文件《一个成熟的伙伴关系——欧中的共同利益与挑战》；同年 10 月，中国首次发表《中国对欧盟政策文件》，中国与欧盟的关系在 2003 年正式提升为"全面战略伙伴关系"。这一时期的中捷经贸关系基于中欧合作基调良性发展。2004 年 4 月，《中华人民共和国政府和捷克共和国政府经济合作协定》签署，同年 5 月，捷克成为欧盟成员国。在中欧全面战略伙伴关系深入迈进的背景下，中捷双边经贸关系取得了长足发展，市场在其中发挥了更多的作用。如图 3-2 所示，2001—2011 年，双边贸易额年均增长率高达 32.12%，自 2001 年的 6.16 亿美元激增至 2011 年的 99.88 亿美元。其中，中国向捷克出口从 2001 年的 5.24 亿美元上升至 2011 年的 76.70 亿美元，年均增长 30.78%；中国自捷克进口从 2001 年的 0.92 亿美元上升至 2011 年的 23.19 亿美元，年均增长 38.09%。2008 年，受全球经济危机的影响，中国向捷克出口下降，但中国自捷克进口仍然保持增长态势，进出口总额在金融危机后起伏震荡。

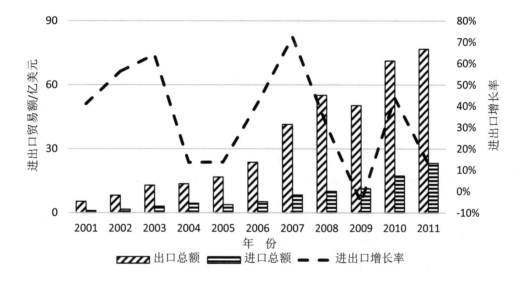

图 3-2　2001—2011 年中国与捷克双边贸易发展情况

（数据来源：《中国商务年鉴》）

第四阶段自 2012 年至今，中捷双边贸易进入"16+1"合作和"一带一路"框架下的新时期。2012 年，中国—中东欧国家领导人首次会晤在波兰华沙举行，"16+1 合作"机制正式启动。2013 年中国提出"一带一路"倡议。2019

年希腊正式成为中国与中东欧国家合作机制的第十七个欧洲成员国，"16+1合作"扩大为"17+1合作"。2012年，捷克政府在《2012—2020出口战略》中将中国列为重点开发的新市场。2015年11月，中捷双方签署合作文件，宣布携手共建"一带一路"。2012年至2018年，中捷贸易额从87.30亿美元上升至163.09亿美元。2018年，中国向捷克出口119.10亿美元，同比增长35.45%；捷克自中国进口43.99亿美元，同比增长19.03%。目前，中国已成为捷克第三大贸易伙伴，捷克是中国在中东欧地区的第二大贸易伙伴。截至2018年，中捷贸易总额已连续五年超过100亿美元。这一阶段，中国与捷克进一步对接发展战略，政府与市场共同发挥作用，推动中捷经贸合作日益深化。

（二）中捷双边贸易的特征性事实

经过四个阶段的发展，中捷双边贸易规模不断扩大，商品结构不断优化，产业协调度和互补性不断加强，但同时也存在进出口贸易不平衡、商品结构高度集中、新的合作动能和增长点有待挖掘等问题。

1. 贸易规模不断扩大，贸易不平衡现象明显

近年来，在中捷两国双边贸易额快速增长的同时，捷克对华贸易逆差不断扩大，成为中捷双边贸易发展中的最大挑战。根据中华人民共和国国家统计局数据，捷克对华贸易逆差于1978年首次出现，自1995年起持续出现，之后一直处于增长态势，2002年中国就成为捷克第三大贸易逆差国，2018年捷克对中国贸易逆差达75.11亿美元（见图3-3）。由于转口贸易、统计口径等因素影响，加之欧盟统一关税区形成的贸易转移效应，中捷两国关于贸易规模的统计数据差距明显。根据捷克统计局数据，2018年捷克对华贸易逆差高达234.65亿美元。这样的差距也促使双方进一步关注贸易逆差问题。

捷克对中国贸易逆差不断扩大，主要有以下几方面原因。

第一，对外开放释放的改革红利使"中国制造"比较优势凸显，中国与全球主要贸易伙伴的进出口规模均呈现快速增长态势。1978年以来，改革开放带来的优越政策环境、丰裕的劳动力供给、大批富有开拓进取精神的企业家，加上门类齐全的工业产业体系配套支持，推动了中国的飞速发展。中国

产品在全球贸易中极具竞争力，受世界各国消费者青睐，在捷克也同样如此，因此两国双边贸易增长迅速。相比进口，中国出口增长更为强劲，从数据上表现为捷克对中国贸易逆差逐渐扩大。

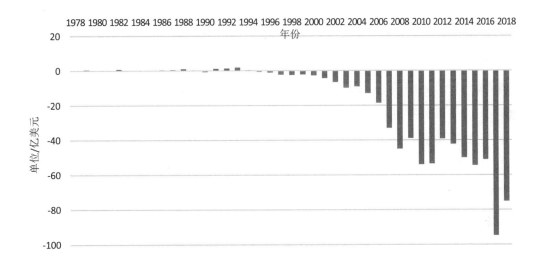

图 3-3　中捷双边贸易差额（1978—2018 年）

（数据来源：中华人民共和国国家统计局）

第二，全球价值链重构多边经济合作模式，产业内贸易大行其道，中、捷、德之间存在逆差转移现象。细分中国与捷克、捷克与德国的出口商品结构可以发现，HS 编码中的第 84 章、第 85 章、第 87 章、第 90 章共四章是三国共同的重点出口领域。机电产品、运输设备、光学设备、医疗设备、电子电气等产业的中间品在中国加工后出口捷克，进一步加工组装进入欧洲市场，因此，仅局限于两国间的进出口分析会割裂多国共同形成的价值链创造路径，单纯基于双边贸易的视角也会使分析失之偏颇。事实上，产业内贸易为主的贸易特征推动捷克在中国与欧洲的贸易往来中发挥更突出的连接作用。捷克具有明显的区位优势、强大的生产制造优势与相对的技术优势，是中国产品进入欧洲市场的重要中转中枢。

第三，中捷双边贸易商品结构过于集中，捷克消费品在进入中国市场时面临全球消费品竞争，尚需培育市场认可度与产品竞争力。要缩小捷克对中国的贸易逆差，关键在于增加捷克产品在中国市场的竞争力。在面对全球同类产品竞争时，中国消费者对捷克产品还相对缺乏了解。此外，服务业也是今后中捷两国重点发展的领域，如通信和信息技术服务、创新产业、金融、咨询、科技研发以及旅游业等领域。

中捷两国之间的贸易逆差问题也是中国与中东欧国家双边贸易中普遍存在的现象，体现了中国与中东欧国家在贸易方面的结构性问题，需要各方耐心细致的努力，找准双方利益契合点，不断挖掘出新的合作动能和增长点。近年来，中国政府也在相关领域做了很大的努力。2016 年 3 月，中国国家开发银行与捷克出口银行签署金融合作发展协议；2017 年 7 月，浙江义乌至布拉格的中欧班列正式开通；同年 9 月，成都至布拉格中欧班列正式开通；2018 年 11 月，中国在上海举办首届中国国际进口博览会，泽曼总统率领 80 余家企业共 200 余人的代表团参加此次大会，展示了捷克的汽车、啤酒、水晶、木制品、食品、玩具等产品。这一系列措施都将增加捷克优质、特色产品直接出口中国的机会，改善中捷贸易不平衡状态。

2. 贸易商品高度集中，产业集聚趋势明显

长期以来，中捷双边货物贸易主要集中在机电产品、运输设备、光学设备、医疗设备、玩具、游戏和运动用品等，而且机电产品、运输设备的贸易额超过了总贸易额的 50% 以上，产业集聚趋势明显。具体来看（如表 3-1 所示），1999 年捷克出口中国的商品主要为机电产品（HS 编码第 16 类，第 84-85 章）、运输设备（HS 编码第 16 类，第 87 章）和化学工业相关产品（HS 编码第 6 类，第 29 章），分别占出口总额的 44.60%、37.14% 和 7.31%。之后化学工业相关产品的出口额下降，光学医疗设备、贱金属、塑料制品和钢铁制品的出口额上升。2010 年和 2018 年数据显示，机电产品成为捷克出口中国的第一、二大类商品，占捷克对中国出口总额的 60% 左右，光学、医疗设备和精密仪器成为第三大类出口商品，占比也从 2010 年的 4.95% 上升至 2018 年的 8.90%。

从进口来看（如表 3-2 所示），捷克自中国进口的主要商品也是机电产品，长期占比较高，大大高于捷克出口中国的该类商品的比重。可以看出：长期以来，中捷进出口贸易具有明显的产业内贸易特征，即双方在电气设备及零

件，机械、机器设备及零部件等行业具有活跃的产业链合作，分别向对方出口、进口大量的产品及零部件。

表 3-1 捷克对中国出口的主要商品

（单位：万美元）

1999 年			2010 年			2018 年		
商品类别	出口额	占 比	商品类别	出口额	占 比	商品类别	出口额	占 比
第 84 章	2367.4	40.51%	第 84 章	36527.7	30.05%	第 84 章	78424.6	30.35%
第 87 章	2170.0	37.14%	第 85 章	26727.5	21.99%	第 85 章	59932.1	23.19%
第 29 章	427.4	7.31%	第 87 章	10123.3	8.33%	第 90 章	23001.0	8.90%
第 85 章	239.2	4.09%	第 74 章	6685.1	5.50%	第 47 章	15655.8	6.06%
第 70 章	104.3	1.78%	第 90 章	6015.3	4.95%	第 87 章	14896.3	5.76%

注：依据 HS 编码制度，各章分别是：第 29 章有机化合物；第 47 章木浆及其他纤维状纤维素浆，回收（废碎）纸或纸板；第 70 章玻璃及其制品；第 74 章铜及其制品；第 84 章核反应堆、锅炉、机器和机械设备及其零部件；第 85 章电机、电气设备及其零件，录音机及放声机、电视图像、声音的录制和重放设备及其零件、附件；第 87 章车辆及其零件、附件，但铁道及电车道车辆除外；第 90 章光学、摄影、电影、计量、检验、医疗或外科用仪器及设备、精密仪器及设备及上述物品的零件、附件。

（数据来源：捷克统计局）

表 3-2 捷克自中国进口的主要商品

（单位：万美元）

1999 年			2010 年			2017 年		
商品类别	进口额	占 比	商品类别	进口额	占 比	商品类别	进口额	占 比
第 85 章	10951.1	19.44%	第 85 章	629647.4	40.48%	第 85 章	1261858.0	48.44%
第 84 章	7374.1	13.09%	第 84 章	579813.7	37.28%	第 84 章	751649.3	28.86%
第 95 章	4060.9	7.21%	第 62 章	36060.9	2.32%	第 95 章	58956.3	2.26%
第 64 章	3469.6	6.16%	第 95 章	31553.4	2.03%	第 62 章	45482.8	1.75%
第 62 章	3144.8	5.58%	第 64 章	28975.0	1.86%	第 87 章	42496.2	1.63%

注：依据 HS 编码制度，各章分别是：第 61 章针织或钩编服装及辅料；第 62 章非针织或钩编服装及辅料；第 64 章鞋靴、护腿和类似品及其零件；第 95 章玩具、游戏品、运动品及其零件、附件。

（数据来源：捷克统计局）

3. 贸易商品结构不断优化，双方产业链依存度提升

当前世界经济的基本运行规律发生了变化，贸易由产业间贸易向产业内贸易转变，甚至向产品内贸易转变，贸易商品的属地性难以界定。国与国之间的贸易商品结构往往反映了两国间产业合作与经济依存度。利用联合国 BEC（Broad Economic Classification）分类标准测算贸易主体间不同类型的商品比重可分析贸易主体间产业链依存程度，并进而分析主体间的互补性和贸易潜力。图 3-4 对比了 1999 年、2010 年和 2017 年中捷双边贸易中资本品、中间产品、消费品、其他产品的结构变化，可以发现：捷克自中国进口的商品结构不断优化，消费品比重显著下降，中间产品和资本品比重上升明显。1999 年，消费品是捷克自中国进口的最主要产品，占总进口额的 54.59%，中间产品和资本品进口则分别占比 24.54% 和 20.86%。之后中间产品和资本品占捷克自中国进口总额的比重迅速攀升，至 2017 年，两类商品的进口比重为 32.95% 和 52.81%。值得注意的是，资本品进口在 2010 至 2017 年增量显著，从 52.31 亿美元升至 107.14 亿美元，年平均增长率 10.79%，成为捷克自中国进口的最主要商品，在一定程度上表明中国在产业结构调整过程中与捷克产业协调度和技术匹配度上升。

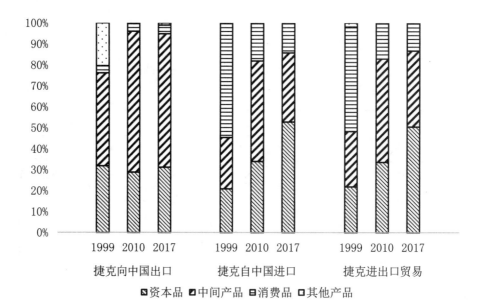

图 3-4　中捷贸易商品结构变化对比

（数据来源：捷克统计局）

（三）中捷推进双边经贸合作的对策与建议

中捷两国都拥有雄厚的工业基础，优势产业高度契合，共同融入中欧产业链，产业内贸易活跃，产业依存度日益提升。因此，以贸易促合作，推动双边贸易发展与产业合作，既有利于推动中国开放经济转型升级，又有助于捷克发展外向经济，拥有广阔的合作空间，实现互利双赢。

1. 以产业链视角推动重点产业深度合作、全面合作，促进产业联动，实现合作共赢

全球化经济背景下，世界范围内的产业融合、渗透已成为产业间关系的主流形式，单纯依据传统产业分类口径来分析产业间的利益格局已不符合当前产业运行的规律。产业间的影响相互交错，循环往复，错综复杂。中国与捷克均为中欧产业链的重要参与者，机电产品、运输、光学、医疗设备等是双方贸易合作的重点领域。中捷需要基于产业链视角深化在上述产业的合作，以全球视野分析上述产业在全球范围内的产业链布局，研判中捷双方在上述产业全球产业链中的地位，进而结合中国与捷克的产业需求与发展需要，构建符合双方长远利益需要、具有可持续发展能力的合作模式与推进路径，提升双方在上述产业全球产业链中的地位与影响力，实现合作共赢。

2. 以全产业链视角指导中捷产业合作，重视但不局限于中捷制造业合作，关注制造业研发、设计、技术、服务、管理等环节的产业合作

中国需要在中捷产业合作领域进一步探讨现有重点领域如何发展成符合合作双方利益需求、具有经济规模和市场影响力、具有可持续发展能力和长远发展空间的优势领域。在传统生产制造环节的产业合作只是中捷产业合作的初级阶段，要实现这一目标，需要以全产业链视角指导中捷产业合作，应：向产业链上游延伸，加强并不断推进中捷在重点产业领域的研发、设计、技术合作，促进中捷制造业不断深化融合；向产业链下游延伸，加强并不断推进中捷在重点产业领域的服务、管理合作，将制造业合作拓宽至制造业及生产性服务行业的全面合作，扩大中捷产业合作的产业支撑，推动中捷双方合作共赢。

3. 加强基础研究，加强推广普及，增进双边了解，强化政府服务功能

基于企业需求调研捕捉到的重要市场信息，目前中捷两国企业，尤其是两国中小企业对于对方市场缺乏了解，对中捷合作的利弊缺乏认知。因此，现阶段加强对彼此的国别、产业、文化及政策法律等的研究迫在眉睫；加强面向中小企业的宣传推广，增强双方企业对彼此市场、产业、政策、法律法规、文化等的了解和认知，有助于消除企业顾虑，激发企业合作的内在需求和内生动力；加强平台建设、项目对接、信息咨询、数据统计等方面的工作，为产业领域的合作提供基础性服务，推进中捷产业深化合作、全面合作、全产业链合作。

二、捷克共和国创新战略（2019—2030）分析

创新发展是捷克共和国本届巴比什政府的执政重点之一。2018 年 7 月新政府正式执政以来，着力制订捷克创新战略。2019 年 2 月 18 日，捷克政府倾力打造的《未来之国：捷克共和国创新战略（2019—2030）》正式发布，该文件为捷克共和国系统谋划了未来 12 年的研发创新发展路径，意欲到 2030 年使捷克共和国成为欧洲创新领跑者。

（一）制订背景

捷克创新战略由捷克政府研发和创新委员会负责制订，该委员会主席由巴比什总理亲自担任。委员会副主席卡雷尔·哈弗利切克具体负责组织开发创新战略，捷克政府办公室、工业和贸易部、农业部、交通部、教育部、环境部、投资局、产权局、工业联合会、商会、中小企业协会等 11 家政府部门与协会共同参与制订，捷克科学院、捷克技术大学、帕拉斯基大学、捷克-摩拉维亚担保与发展银行、捷克-以色列联合商会、捷克纳米技术产业协会等机构提供支持。该战略是捷克政府、企业、大学与科研机构共同参与、合力打造的多方共识文件，一经发布，即引起国际社会的高度关注。

主要负责人哈弗利切克是捷克副总理兼工业和贸易部部长，同时也是企业家、经济学家，深得巴比什信任，是捷克政坛新锐。他同时还担任捷克政

府研发和创新委员会副主席、捷克中小企业协会会长等职。哈弗利切克多次到访中国，学习中文十余年，长期与华商打交道，经验丰富，是个中国经贸通。

2019年2月4日，捷克政府批准《未来之国：捷克共和国创新战略（2019—2030）》。18日，该文件正式发布。19日和次月6日，巴比什先后访问以色列和美国，推广该战略，推进捷以、捷美科技创新合作。访美期间，巴比什一行还会见了美国各方创新主体，如美国国家科学基金会、美国商会、思科、IBM、通用、微软、谷歌、霍尼韦尔、罗克韦尔、默克、AT&T等机构和企业领导人。此外，同年1月19日，巴比什在访问新加坡期间，也表达了加强双边创新合作的意愿，并邀请新加坡科技人员参与捷克国际科学与研究委员会的工作。仅100天后，巴比什就正式任命新加坡国立大学计算机学院Kian Lee Tan教授为捷克国际科学与研究委员会成员。巴比什声称这是他访问新加坡的具体成果，新加坡政府的快速反应也从侧面反映了国际社会对捷克创新战略的关注。

（二）主要发展目标

《未来之国：捷克共和国创新战略（2019—2030）》致力于到2030年将捷克建设成为欧洲的创新领跑者。为此，该战略共设计九大支柱，即将捷克打造为研发之国、技术之国、创业之国、数字之国、卓越之国、投资之国、专利之国、智慧基础设施之国与智慧民众之国，分析了捷克在每一个支柱项目方面的现状、建设的目标及可使用的工具。梳理该战略内容，可以将其归纳为一个目标、三个战略方向和八个战略产业。

1. 总体目标

该战略采用了基于新的2017+评估方法构建的创新评估体系，为捷克科技创新发展谋划构建了从基础理论研究、应用研究、试验开发、工业应用到商业化转化的完整创新链建设路径，到2030年要将捷克建设成为欧洲创新领跑者，将捷克建设成为"未来之国"。

2. 三个战略方向

（1）建设创业之国

目前，捷克共和国虽然对初创项目有部分支持，但总体鼓励资助不足，国家缺乏整体扶持方案。在大学等学术机构中，创立企业往往被认为是蕴含风险的，企业也缺乏使用学术成果的积极性。为改变上述状况，捷克政府将为初创企业及衍生企业的设立、发展提供明确的支持要素，具体包括：

1）国家层面提供具体支持要素，支持初创企业和衍生企业的设立，并将这些要素与地区和国际支持相关联。

2）制订国家对初创企业的综合资助方案。

3）绘制初创企业地图，将其与投资者和支持提供者相关联。

4）确保初创企业之间的信息与最佳实践经验在国家层面的交流。

5）为国外的初创企业和技术团队提供有益环境，鼓励其在捷克共和国长期发展。

6）捷克技术署设立初创企业和衍生企业定向扶持项目。

7）在所有层次的教育教学内容中引入创业培训。

8）引进孵化器、创业中心、加速器的监测和标杆管理。

为实现上述目标，该战略设置具体工具如下：

1）在捷克投资局内建立国家初创企业支持署。

2）捷克-摩拉维亚担保与发展银行设立各种项目，用来资助初创企业，包括帮助中小型企业创立初创企业。

3）在大学和公共研究机构设立研究成果商业化转化机构。

4）与商业企业及可能的私人投资者合作，发展初创企业。

5）捷克技术署为初创企业和衍生企业创立针对研发创新的定向支持工具，包括评估体系。

6）制订2020+运营方案，鼓励初创企业和衍生企业。

7）大学为建立初创企业和衍生企业的创业行为提供定向支持。

8）支持地区构建促进创新型初创企业和衍生企业发展的体系。

9）扩大欧洲投资基金（EIF）工具的使用。

10）按照国际模式（以色列、芬兰）制订投资计划。

（2）建设数字之国

作为高度工业化国家，捷克认为工业4.0将对捷克产生深刻影响，终将决定本国在未来世界中的地位。因此，捷克政府高度重视数字化建设，认为目前捷克数字化实施体系还缺乏条理，而该战略则将重点推动政府服务、制造业及服务业的数字化转型。

1）建设数字化政府。该项目由 RVVI 协调、各部委参与，进行网络连接节点改造以推动数据互联，其关键指标是实现企业和公民主要数据的一次申报，避免重复提交。政府各部委将提供在线服务，未来捷克公民足不出户就可与政府在线沟通。此外，该战略强调捷克在欧盟数字化议程中的参与度与话语权，要促使捷克共和国在数字单一市场中成为积极成员，与欧盟委员会等组织在现有平台上就战略数字化事项开展谈判。

2）推动制造业、服务业数字化转型。捷克高度重视工业 4.0 及物联网产业发展，要将工业 4.0 和数字捷克共和国项目相结合，在捷克设立卓越人工智能欧洲中心；在国家研发和创新项目指引下，支持自动化、机器人和人工智能领域的技术解决方案和创新；拟制订工业 4.0 执行等级测度方法，鼓励变革性创新技术应用，希望全社会为物联网、人工智能、大数据及新型人机互动做好准备，以"数字商业年"的形式，面向小公司提供定向数字化能力培训。同时，捷克强调其工业企业、城市、机场、电站等的智能控制系统要能够应对最严重风险。捷克非常重视能源领域数字化改造，致力于建设智能电网、智慧城市和智慧地区。

（3）建设智慧基础设施之国

捷克建设智慧基础设施之国重在打造智慧交通，包括四个方面建设内容：

1）完善主干交通基础设施网络。捷克将加速制订交通基础设施建设法令（《交通线路法》），修订《道路交通法》等法案，充分利用欧洲结构投资资金、连接欧洲设施资金、国家运输基础设施资金等加快国家交通基础设施建设。

2）提高相关领域的行政管理效率。简化和加快数字化相关建设项目的办理流程，建设许可审批最长时效 1 年，加强国家与地方（省州）协调。

3）建设智慧交通信息管理网络。在州和地区层面，数据将被纳入国家交通信息中心，以备进一步控制和管理交通之用。捷克将设立智慧交通解决方案的示范和测试项目，建设交通远程信息处理网络，定向支持智慧城市建设，包括城市物流项目。

4）建设智慧客、货运服务体系。确保提供覆盖广、平价、可靠且智能的客运和货运交通服务。推动公共客运一体化，促进多式联运，支持设立物流中心。此外，捷克经济严重依赖汽车工业，因此，捷克高度重视自动驾驶汽车系统的技术研发。巴比什出访以色列时，专门推介了捷克的自动驾驶技术。为此，捷克将在智慧交通、自动驾驶汽车、新能源交通等方面陆续出台智慧交通体系开发、捷克汽车产业未来、清洁交通（建立电动汽车的充电站等）、自主交通发展和自主驾驶等行动计划，通过项目引导和立法保障推进捷克智慧基础设施之国建设。

3. 八个战略产业

捷克共和国创新战略有意将捷克打造为研发之国、技术之国与卓越之国，通过在战略重点领域布局一批卓越中心，加大研发创新力度，并推进研究成果转化，将重点领域的卓越中心打造成为捷克的全球名片。依照捷克政府发布的创新战略，卓越中心将重点布局在八个战略领域，即人工智能、空间技术、激光技术、纳米技术、生物技术、节能解决方案、化学化工技术、临床医学和生物医学。为此，捷克将：执行扶持战略，为重点领域的研究机构开展产品概念开发提供长期支持；执行大型研究基础设施建设扶持战略，改进大型研发基础设施，推动公共研究部门与工业部门长期战略合作；引进欧洲重大项目，参与卓越中心发展；引入欧洲 2020+项目，参与建立研究集群；建设国家研究能力中心，为技术创新提供商业化解决方案，提供公共资金支持，并对知识产权提供有力保护。

捷克政府将加大在上述战略领域的投资鼓励与政策扶持，主要措施包括：

1）改变投资鼓励政策，支持高附加值投资，推动企业与研究机构合作。

2）基于智能专业化战略、国家太空计划和人工智能支持战略等，重点支持重大领域投资。

3）创立一个技术前瞻预测体系（地平线扫描）。

4）在公共采购法规框架内，进一步聚焦创新技术的采购。

5）长期资助产品概念开发和大型研究基础设施建设。

6）建设国家研究能力中心，提供资助工具，支持公共研究机构和企业开展长期战略性合作。

7）利用公共资金支持在知识产权保护支撑下的研究成果商业化解决方案。

8）鼓励研究机构参与，实现"国家研究能力中心""研发创新运行中心"与捷克产业集群的融合。

（三）支撑保障体系

捷克政府为保证创新战略的实施效果，构建了由三项保障措施和两大支持体系构成的支撑保障体系。

1．三项保障措施

捷克政府提供了三方面的保障措施，即经费投入保障、更为科学的评估体系保障及更全面的激励保障政策，以确保创新战略的实施效果。

（1）经费保障

捷克将加大研发创新投入，计划到 2025 年全社会研发投入占 GDP 比重达到 2.5%，2030 年提高至 3%。2019 年 3 月 29 日，捷克政府通过 RVVI 预算方案，2019—2022 年预算稳步增长，分别为 359 亿、370 亿、375 亿、382 亿克朗。相比 2015 年的 270 亿克朗预算，增幅已超过 40%。

（2）评估体系保障

巴比什出访美国时，向美国政府、研究机构及创新企业界隆重介绍了捷克最新推行的、基于 2017+评估方法构建的创新评估体系。新的评估方法重在加强评价引导，保护知识产权，激励内生创新。

（3）法规政策保障

捷克重点推行三方面法规政策保障研发创新。

1）具化科技政策：捷克先后配套出台《国家研发创新 2021+政策》、《国家智能专业化研究和创新战略》（简称 RIS3）等政策共同推进捷克政府、企业、科研机构等各类主体协同开展科技创新。

2）研发创新减税：捷克将修订或新订法令为研发和创新减税，同时，修订《投资激励法》，出台更有利的国家激励措施。

3）加强知识产权保护：捷克要建设专利之国，首先要提高全社会知识产权保护意识。捷克要求在各层次教育机构中开设与知识产权相关的课程与培训，同时，在制造业和应用领域提高知识产权保护意识。在欧盟及捷克有关专利商用、研发和创新计划的相关管理文件中增加知识产权保护条文。

2. 两大支持体系

捷克为巩固创新战略的人才根基，创造良好的外部氛围，着力打造两大支撑体系：一方面改革理工教育体系为创新发展谋基础、谋长远；一方面建立海外推广系统为创新发展谋外围、谋效应。

（1）改革理工教育体系

捷克政府将加强理工教育，进一步改革理工教育体系，强调九个改革重点：创造力、研究方法、技术想象力、逻辑思维、批判性思维、问题解决能力、信息评估、以自然科学和数学为基础的项目化教学。

捷克政府改革理工教育的具体抓手是改革教育项目框架，在基础教育、职业教育、高等教育、终生学习及技能培训等各层次教育中深化改革。其中，基础教育阶段，在教育项目框架的层次，按照目前对此框架修订所做的研究，加入"人与技术"的教育内容，目标是在中学推广必修课程"技术"。在小学将技术课程纳入相对独立的教育领域，同时在所有相关课程中全面开展技术能力教育。中等职业教育阶段，创新和巩固全国统一的双元教育体系，由政府管理，地区和雇主共同参与。大学教育阶段，政府出台鼓励措施，支持聚焦先进技术的研发项目，吸引顶尖人才与本国大学开展全方位合作。同时，政府将推行终身学习和技能培训，为企业使用突破性技术做好人才准备。

（2）制订详细的海外推广方案

该战略确立海外推广的主基调是塑造捷克作为自信的创新引领者的形象，着力宣传科技潜力、高端产业、多领域研究成果，宣传教育良好、心灵手巧及富有创意的捷克人民。重点推广其目前的创新生态体系和创新战略，具体布局了四个方面重点：一是研究中心的卓越表现；二是捷克企业的独特产品；三是高新技术领域的尖端科技；四是成功的创新型人物。

为在全球有效推广捷克共和国自信的创新引领者的国家形象，捷克政府在创新战略中制订了具体的举措：

1）培育一支海外推广团队，系统介绍各政府部门、研究机构和企业的创新要素。

2）制作"捷克共和国：未来之国"宣传指南，在主要的国内外宣传资料和活动中使用，包括在捷克的相关专业公共机构、使领馆、驻外代表处和捷克中心的在线宣传工具中使用。

3）组合多种宣传工具，特别是使用社交媒体等新的宣传技术，推广"捷克共和国—2030年欧洲创新领跑者"的概念。

4）长期宣传人工智能、能源、高效系统、激光技术、纳米技术等领域的科学、商业成功案例，以及科研团队和其领导人的成功事例。

5）捷克总理、部长、大使和国外代表应在国际层面积极推广捷克共和国技术领导者的形象。

6）组织国外代表团来访，吸纳对本国政策有影响力的国外专家和科学家参加，向其展示捷克重要的研究和创新成果，吸引他们参与捷克的国家研发和创新。

7）以多种语言系统推介捷克共和国研究领域的机会，设立"欢迎办公室"面向外国科学家进行宣传。

8）组织研究领域相近的捷克专家组团出访有合作潜力的国家。

附 件

未来之国：

捷克共和国创新战略（2019—2030）

　　本附件主要内容译自捷克政府研发和创新委员会公开发布的 *Innovation Strategy of the Czech Republic 2019—2030*。中文内容未经捷克政府研发和创新委员会确认。

研发之国：研发资助和评估

负责机构：研发和创新委员会（简称 RVVI）

负责管理者：研发和创新委员会的代表

【现状】

捷克共和国研发创新总投入在 GDP 中占比为 1.79%，其中 60% 是公司资源，40% 是政府和欧洲的资源。目前，针对研究机构的评估体系正从定量评估体系向质量和影响力评估体系转变（方法学 2017+）。除上述机构支持外，定向支持项目的评估体系也正在进行改革，引入专业担保人体系，统一行业重点，避免重复支持现象。在机构支持和定向支持的情况下，覆盖基础研究、应用研究、创新、产品、商业化、研究再投资环节的创新链的连接和均衡仍较为薄弱。

【目标】

● 增加研发投入（以 GDP 占比衡量）：2020 年为 2.0%，2025 年为 2.5%，2030 年为 3.0%，即每年增长 0.1 个百分点。其中 1% 来自公共资源和企业资源，该比例在 2025 年为 1.5%，2030 年为 2%。

● 对于在指定的重点研究领域取得卓越成果的研究机构，增加机构拨款。

● 对于研发成果已经应用于实践的机构，增强定向支持。

● 通过评估，支持参与欧洲地平线计划的导向，持续从欧洲基金中获得研究资助。

● 充分实施符合方法学 2017+ 的评估体系，监测并持续评估其影响力，重点是对社会的影响力。

● 支持符合典型性标准的研究课题：在全球有竞争力的基础研究——为后续应用研究提供充足的能力——成功的应用（生活质量改善新方案、专利、已售许可、产品）——与相应公司环境的真实联结，以及存在突破性技术潜力的领域。

● 到 2030 年，达到欧洲研究委员会标准设定的创新领跑者水平。

● 鼓励通过财务工具从非公共渠道获得资金。

● 在聘请外国技术员工方面，简化条件，加快流程。

【工具】

● 捷克国家研发和创新政策 2021+。

● 捷克共和国智能专业化国家研究和创新战略（RIS3）。

● 为促进研究、试验发展和创新准备一项重要修正案或新的法令。

● 使用国家预算长期资助研发创新的战略。

● 创立更高的国家鼓励措施，为研发创新减税。

● 和研发创新鼓励相关的投资鼓励法令。

● 采用私人机构共同资助的形式，使公司能参与研究机构的研究项目。

● 建立跨部长级工作组，筹备定向拨款方案，支持有创新潜力的研究课题及创新链的创建。

● 将创新能力评估纳入卓越研究中心评估体系。

● 创建方案，汇聚公共和私人资源，资助针对商业需求的长期研发。

● 利用欧洲地平线计划中国家对本国机构的支持方案，以及面向欧盟积极的国际科学政策，增加捷克共和国在 H2020 共同项目中的参与度，即欧洲地平线计划。

● 在运作欧盟 2020+资助的项目时以研发创新为重点。

● 在捷克共和国研发体系的各个组成部分中推动方法学 2017+，即全面启动各模块，扩大规模，加强基础研究和应用研究之间的互相连接。

● 根据国家研发创新政策，制订研发和创新委员会会定向支持的评估体系。

● 制订支持国际团队的鼓励方案，设立欢迎办公室。

● 定向支持优秀项目（ERC-CZ、EXPRO），提供机构支持。在研究机构资助者层面，设立"导管"项目吸引、培养和留住顶级的研究人员。

● 支持对研发成果的开放性访问。

技术之国：理工教育

负责机构：教育、青少年和体育部/工业和贸易部/农业部

负责管理者：教育、青少年和体育部的代表

【现状】

捷克共和国拥有高质量的教育体系，但理工教育长期被低估，合理开发的 STEM（科学、技术、工程和数学）课程体系缺失，而它们本应是贯穿幼儿园、小学、中学的新课程教育理念中的一项核心竞争力。

基础教育明显缺乏以技术为重点、与新技术有关联的必修课程（发展技术思维，实用性、应用性技能，精细动作技能和技术创新力），教师在上述领域的培训不足，聘请有实践经验的专家参与教学等方面停滞不前。

中等职业学校典型的情况是，其教学无论是和实践还是和小学之间都缺乏足够的连接。此外，双元教育体系要素缺乏，学校和雇主之间也没有根据地区基础情况开展系统的、有计划的合作，学生和教职工都对最新科技不够熟悉。

以理工教育为导向的大学缺乏一套激励体系，无法激励大学衍生企业、初创企业的发展，无法促使学生与高科技公司的自然合作，包括学生创立自己的公司（所谓的创业型大学）。在继续教育的情况下，随着工作量的变化，几乎不可能对新技术的使用进行再培训。

对于如何在教育中使用颠覆性模式，捷克社会也准备不足。这可能进而导致产业界和学术界更加缺乏通晓、掌握新技术的员工。

【目标】

● 改变理工教育体系：强调创造力、研究途径、技术想象力、逻辑思维和批判性思维、解决问题、信息评估、以自然科学和数学为知识基础的项目化教学。

● 基础教育：在教育项目框架的层次，按照目前对此框架修订所做的研究，加入"人与技术"的教育内容，目标是在中学推广必修课程"技术"。在小学将技术课程纳入相对独立的教育领域，同时在所有相关课程中全面开展技术能力教育。

● 中等职业教育：创新和巩固全国统一的双元教育体系，由政府管理，地区和雇主参与。

● 高等教育：出台鼓励措施，支持聚焦先进技术的学习项目，吸引顶尖人才与本国大学全领域合作。

● 推行终身学习和技能培训——为使用突破性技术做好准备。

● 分析工业 4.0 对劳务市场的影响，以合理改革教育体系。

● 为本国大学和欧洲顶尖大学的战略合作联盟提供定向支持，针对师生的流动，做好课程的同步工作。

【工具】

● 引进突破性技术，更新数字化教育战略。

● 修订基础教育项目框架（推行全国教育协会工作组给出的"技术"定义），在此框架内，实施"人与技术"的教育内容，推出"技术"学科，在其他相关的学科中实施新技术。

● 加强大学本科阶段教师培训，重点是教学新技能培训。

● 为有创新潜力的学生提供概念支撑。

● 按照教师数字化能力标准，增强教师的数字化能力。

● 采用双元教育，吸引雇主、地区、工会和主要部门参与，改变初级教育和继续教育的法律标准。

● 在国家和地区层面创立双元教育支持体系，协调学校与雇主之间的合作，指导企业安排职业培训和岗前培训。

● 在国家和地区层面，完善员工培训支持体系以适应当前的市场需求。

● 为当前和未来的教师建立大学方法支持中心，为在小学和中学实施新技术做好充分准备。

● 创立持续评估体系，评估工业革命对于创新生态系统、劳务市场、教育和公民生活的影响。

● 创立快速通道，聘请先进技术领域的科学家和学者。

● 对大学以下方面的举措进行鼓励：引进以英语教学的硕士和博士项目；国家定向支持吸收海外学生到捷克高校读书以及大学和公共研究机构的互动。

数字之国：政府、制造业和服务业数字化

负责机构：信息社会政府委员会（RVIS）/工业和贸易部/内务部/政府办公室
负责管理者：负责信息技术的政府代表、工业和贸易部代表

【现状】

近年来，捷克共和国引进了许多重要的数字化工具，公共领域已实施了700多个在线解决方案。但是，目前捷克共和国的数字化实施体系还缺乏条理，公共信息体系和在线工具之间未互相连接，未能给企业和公民带来舒适便利及时间和成本上的节省。捷克共和国是以高度工业化为导向的国家，必须理解工业 4.0 是终将决定我们未来在世界地位的社会和经济现象。为了加强数字化流程的协调，当今政府已批准了名为"数字捷克"的新战略，包括：在数字欧洲中的捷克共和国、捷克共和国的信息理念（数字化公共管理）以及数字经济和社会。数字捷克已成功克服了数字化日程中长期存在的行业和主题的碎片化问题。整体实施方面的协调职能集中归属于信息社会政府委员会，该委员会由负责信息技术的政府代表管理、指导，该项工作将根据政府各部门的职权实施。

【目标】

● 确保公民和企业享有在线服务，改革网络节点，辅助国家管理。

● 建立高效、中央管理的信息技术系统，由 RVIS 协调，所有部门参与。

● 创立互联的数据库，使用公民或公司已向国家提供的所有信息，避免其反复提供。

● 让全社会为物联网、人工智能、大数据、新型人机互动等潮流做好准备。

● 针对实践中的革新性技术，推进其应用研究的实施。

● 永久、持续确保在线共享服务，包括企业和复杂设施的系统安全（城市、机场、商业、电站），使用智能计算机控制体系，处理应对最严重的风险。

● 鼓励中小企业使用数字化商业工具。

● 在欧盟数字化发展议程的主题和机遇方面确保交流。

- 制订工业 4.0 执行等级的标准，确保其可衡量并逐步被认可。

- 在能源领域实施工业 4.0 的准则，尤其是智慧电网、智慧城市和智慧地区的领域。

- 设立一套体系，在生产制造工厂和服务行业实施工业 4.0 的同时，支持资源优化和环境保护。

【工具】

- 人工智能国家战略与人工智能协调方案相连接。

- 设在捷克共和国的卓越人工智能欧洲中心。

- 针对捷克共和国智能专业化的国家研究和创新战略（RIS3）。

- 建设高速基础设施，作为在线服务的基础。

- 向共享服务、共享平台和云服务转移。

- 以"数字商业年"的形式，面向小公司提供定向数字化能力培训。

- 在数字欧洲的框架内，为捷克公司和研究组织提供支持。

- 为研究团队在计算能力及其扩展方面提供免费访问支持。

- 在相关的国家管理日程计划中引进默认数字化和数据只报一次的准则。

- 实施数字公民权利法案。

- 在国家管理方面开展使用革新性技术的试点项目。

- 与欧盟委员会和其他国家的 CDO 组织在现有平台就战略数字化事项开展谈判。

- 提升作为数字单一市场积极成员的捷克共和国的地位。

- 将工业 4.0 和数字捷克共和国项目相结合。

- 引进财务工具，推动机器人化和自动化，按照已经制订的工业 4.0 标准，促进企业尤其是中小型企业创新。

- 数字创新中心支持中小型企业转型。

- 在国家研发和创新项目指引下，支持自动化、机器人和人工智能领域的技术解决方案和创新。

创业之国：全国初创企业和衍生企业环境

负责机构：工业和贸易部/捷克投资局/捷克–摩拉维亚担保与发展银行/捷克技术署

负责管理者：捷克投资局局长

【现状】

在捷克共和国，鼓励和资助新项目创建的投资环境较为薄弱。国家通过捷克投资局，通过孵化器和加速器项目，对初创项目有部分支持。但就全国总体而言，还缺乏对初创项目设立、发展和资助的综合性概念。大学只是偶尔支持初创/衍生企业的设立，因为在学术环境中，支持创立企业被认为是蕴含风险的。从商业实践的角度看，使用学术成果的积极性较为缺乏。在捷克共和国，公司和中小型企业与初创企业之间缺乏便捷的合作途径。捷克创新公司创立初期，由于国际化程度低，其国外拓展的能力也低。

【目标】

● 国家层面提供具体支持要素，支持初创企业和衍生企业的设立，并将这些要素与地区和国际支持相关联。

● 制订国家对初创企业的综合资助方案。

● 绘制初创企业地图，将其与投资者和支持提供者相关联。

● 确保初创企业之间的信息与最佳实践经验在国家层面的交流。

● 为国外的初创企业和技术团队提供有益环境，鼓励其在捷克共和国长期发展。

● 捷克技术署设立初创企业和衍生企业定向扶持项目。

● 在所有层次的教育教学内容中引入创业培训。

● 引进孵化器、创业中心、加速器的监测和标杆管理。

【工具】

● 在捷克投资局内建立国家初创企业支持署。

● 在捷克–摩拉维亚担保与发展银行设立各种项目，用来资助初创企业，包括帮助中小型企业创立初创企业。在大学和公共研究机构设立研究成果商业化转化机构。

● 与商业企业及可能的私人投资者合作，发展初创企业。

● 捷克技术署为初创企业和衍生企业创立针对研发创新的定向支持工具，包括评估体系。

● 制订2020+运营方案，鼓励初创企业和衍生企业。

● 大学为建立初创企业和衍生企业的创业行为提供定向支持。

● 支持地区构建促进创新型初创企业和衍生企业发展的体系。

● 扩大欧洲投资基金（EIF）工具的使用。

● 按照国际模式（以色列、芬兰）制订投资计划。

卓越之国：创新和研究中心

负责机构：研发和创新委员会（简称RVVI）/教育部/捷克科学院/工业和贸易部/捷克共和国技术署

负责管理者：研发和创新委员会的代表

【现状】

从研究中心和研究基础设施的数量和质量看，捷克是欧盟的领先国家之一。然而，国家没有考虑到研究机构的研究优势或商业化优势，导致了众多研究中心学科重叠，未来难以发挥其能力。尽管如此，仍有不少顶尖研究中心已经在新科技领域崭露头角（机器人、激光技术、纳米技术等）。对于这些中心，捷克已建有支持体系，如为长期概念性开发提供机构支持，对大型研究基础设施建设提供支持，对国家能力中心建设提供支持。但也往往伴随一些问题，如官僚主义，管理方和提供方在公共支持的许可、筛选步骤、支持规则方面存在分歧，造成很多局限，制约了对公共研究的选择和与应用领域的合作。

【目标】

● 集中支持重点趋势研究，如优秀交叉学科、捷克公司潜力领域和未来科技潮流，即智能专业化战略（人工智能、空间技术、激光技术、纳米技术、生物技术、节能解决方案、化学化工技术、临床医学和生物医学等）。

● 由研究机构建立一个补充支持计划，资助研发和创新能力：一是长期资助产品概念开发和大型研究基础设施建设；二是设立国家能力中心，提供资助工具，支持公共研究机构和企业开展长期战略性合作。

● 为智能专业化战略的成果——卓越中心提供支持，将卓越中心打造成代表捷克共和国最先进科技的全球名片。

● 在研究机构参与下，实现捷克公司和产业集群的融合。

● 作为公共资金支持的一部分，对于能通过知识产权保护而产生商业化前景的解决方案，给予特别支持。

【工具】

● 私营部门和研究机构在国家指定的重点领域进行长期合作的战略。

● "长期支持研究机构产品概念开发"创新战略。

● 创新"大型研究基础设施"战略。

● 将"国家研究能力中心""研发创新运行中心"与产业集群相关联。

● 引进欧洲重大项目，参与卓越中心发展。

● 引入欧洲 2020+项目，参与建立研究集群。

● 出台国家倡议，减少科学领域官僚化现象，对有关国家支持的解释进行有效修订，并对合同和采购招标进行备案。

● 捷克共和国针对智能专业化的国家研究和创新战略（RIS3）。

投资之国：智慧投资

负责机构：工业和贸易部/捷克投资局

负责管理者：工业和贸易部的代表

【现状】

　　捷克共和国历来支持外国投资，尤其在 1993 年后，捷克投资局实施的国家投资政策吸引了 1 万亿克朗外国直接投资，创造了 25 万个工作岗位。但很多情况下，投资激励没有面向高附加值投资。最近几年这种情况有所改变：全球经济危机后，捷克投资局鼓励更高附加值的外国投资。目前，我们正在修订与支持研发项目投资相关的法规。同时，我们创立了"捷克团队"，包括国家机构和银行，为企业提供各种支持，包括对研究和投资的支持、出口促进、融资等。

【目标】

- 增加高附加值投资规模。

- 增加企业投资，促进研究机构的成果利用。

- 加大研发和创新投资的减税力度。

- 支持捷克公司投资海外研发和创新项目。

- 支持实施工业 4.0 的投资。

- 在前瞻性的行业增加投资（如人工智能、太空技术、激光技术、纳米技术、生物技术、节能解决方案、化学化工技术等）。

- 鼓励公共采购，支持创新方面投资。

- 关联国防和安保领域投资与行业研究支持。

- 支持捷克经济所依赖的工业基地现代化。

- 在国家投资政策框架内（公共投资），考虑一些解决方案，以适应气候变化及应对干旱和粮食安全。

【工具】

- 改变投资鼓励政策，支持高附加值投资，推动这些公司与研究中心和研究机构合作。

- 对有高附加值生产潜力的中小企业增加支持。

- 基于智能专业化战略、国家太空计划和人工智能支持战略等，重点支持重大领域投资。

- 创立一个技术前瞻预测体系（地平线扫描）。

- 在公共采购法规框架内，使公共采购体系更聚焦于创新技术的采购。准备方法学清单，将最佳价值纳入考虑。

- 创立一项国家投资计划。

- 对于在捷克共和国已有成功体验的现有外国投资者，为其创立一套鼓励体系，鼓励其将研发和创新、批发和营销业务迁移至捷克共和国。

● 通过"捷克团队"，为在海外投资创新技术类项目的捷克公司设立一套鼓励制度。

● 更新关于研发和创新的税务减免法律，创立适合企业的教育体系。

● 创立国防领域投资与捷克工业支持相关联的体系，使捷克公司参与其中，并在特定条件下能将研究成果运用于民用领域，或反之。

● 在具有相关性时，将创新与应对气候变化的需求相结合，推行适应战略。

● 定期评估公共支持对于商业/企业领域创新流程的影响。

● 作为"捷克团队"的任务之一，创立从研发投资到最终产品出口的全过程企业支持体系，尤其有利于中小企业获得针对创新的综合性融资、投资支持、专利支持和出口支持。

专利之国：知识产权保护

负责机构：工业和贸易部/行业产权办公室
负责管理者：行业产权办公室主任

【现状】

与最发达国家相比，捷克共和国知识产权保护力度不足，具体表现为国内外专利授予数量较少。保护知识产权的意识还比较薄弱，在管理文件中，即便是在研发和创新的战略性或概念性文件中，都没有得到充分体现。与各类学校合作开展的知识产权保护培训项目未成体系，仅部分授课内容包含有限支持和临时举措。

【目标】

● 提高保护意识：与各层次教育开展更紧密的合作，开展相关授课与培训。

● 从研究阶段开始，在制造业和应用领域提高知识产权保护意识。

● 增加对知识产权的保护，特别是有商业潜力的专利。

● 在制订科研创新计划前，先使用专利信息。

● 在欧盟和捷克共和国其他管理文件中，反映知识产权保护概念的目标和后续措施，特别是针对专利。

【工具】

● 创立知识产权保护综合性概念，特别是针对专利。

● 为研究机构和大学内的技术和知识转移中心提供长期支持。

● 根据知识产权保护概念已确定的目标，设立财务支持。

● 为各层次教育提供知识产权培训服务。

● 鼓励使用授权许可政策，以获得先进成果。

● 参与制订欧盟和捷克相关管理文件，使其表达知识产权保护概念。

● 设立财务工具，支持有效使用知识产权保护。

● 设立知识产权实施的支持工具。

● 记录并实施知识产权保护，推动财务支持。

智慧基础设施之国：交通和建设环境

负责机构：交通部/地区发展部/政府公共投资委员会/捷克共和国商会
负责管理者：交通部代表、地区发展部的代表

【现状】

　　捷克共和国正在建设主干交通网络，但在很多地方，程序迟滞阻碍进展。目前，捷克一方面正在建立和连接传统的交通远程处理信息设施，并试点新设施以创建、处理并提供合格的信息来管控交通。另一方面，面对即将增长的电动汽车数量，充电站准备不足。在自动驾驶汽车的数据连接方面，交通基础设施和法律均未做好准备。城市物流问题没有得到充分解决。在建设领域，虽然捷克共和国拥有优秀的研究、商业和培训能力，包括利用高科技实施建设，但与此同时，在建设领域许可证办理速度的国际排名中，捷克共和国还在继续下滑。为此，捷克专门设立了公共投资委员会，相关建设法律也正在修订中。

【目标】

● 确保提供覆盖广、平价、可靠且智能的客运和货运交通服务。

● 完成主干交通基础设施网络。

● 在捷克共和国（在州和地区层面）建立足够强大的交通远程信息处理系统。数据将被纳入国家交通信息中心，以备进一步控制和管理交通之用，以及供私人领域进一步使用。

● 确保建设许可证申请流程有一个规定的、强制的截止日，最长为 1 年。

● 简化和加快数字化相关的建设项目的办理流程。

● 在交通网络建设和交通提供方面，协调并同步国家、地区层面的政府机构行为，使其同步，包括为行动不便的人士提供协助。

● 确保公共客运领域运输工具一体化。

● 确保高等级的多式联运，支持设立物流中心。

● 为燃油车的替代车型在现实交通中的广泛使用做好准备，支持自动驾驶汽车上路，推动捷克共和国汽车行业进一步发展。

● 定向支持智慧城市建设，包括城市物流项目。

● 推进实施智慧交通解决方案的示范项目和测试试点项目。

【工具】

● 捷克共和国交通政策。

● 公共客运概念。

● 智慧交通体系开发行动计划。

● 捷克汽车产业未来行动计划。

● 清洁交通行动计划（建立电动汽车充电站等）。

● 自主交通发展展望和自主驾驶行动计划。

● 至 2030 年的交通领域研发和创新的概念。

● 欧洲结构投资资金、连接欧洲设施资金、国家运输基础设施资金和交通研究中心。

● 加速交通基础设施建设法（交通线路法）。

● 道路交通法修正案、道路法等。

● 国家层面的智慧城市和地区概念。

● 创立一个独立的、专业上合格的建设管理机构。

● 清楚界定国家和当地政府有关建设程序的职权范围。

- 综合评估受到影响的公共利益。
- 在评估中引进称谓准则和集中化准则。
- 明确公共建设利益保护（引进欧洲地区影响评估，即 TIA）。
- 引进有约束性的"全国用地计划"，对资源进行协调以确保充分利用（水、资金、基础设施、能源），保护自然资源、粮食安全和军事安全等。

智慧民众之国：智慧营销

负责机构：研发和创新委员会（简称 RVVI）/工业和贸易部/外交部/捷克投资局
负责管理者：研发和创新委员会的代表

【现状】

在塑造捷克共和国创意国家形象方面，没有系统规划，主要以传统的方法（啤酒、冰球、雕花玻璃和旅游）进行海外推广。也有些例外情况，如世博会等国际展会，一直努力将捷克作为技术先进的国家推出。目前缺乏总体的推广战略，如缺乏包括公共和私人机构在内的统一的定位，导致海外推广碎片化，这既体现在产品方面（展示捷克共和国在顶尖行业的世界领先地位），也体现在宣传方面（广告、公关、直接营销）。因此，尽管捷克共和国在科研和商业运用的最新发展上取得了许多卓越的成果，然而世人在看待捷克共和国时，还没有认识到其在许多技术领域已拥有杰出人才、充满了创新机会。

【目标】

- 打造捷克共和国作为自信创新领跑者的形象，注重宣传其科学潜力、高端工业和多领域研究，以及其教育良好、心灵手巧和富有创意的人民。
- 展示先前全球性的成功以及目前的创新生态体系，包括现代创新战略。
- 以捷克研究中心的卓越表现、捷克公司的独特产品、高新技术领域中的尖端科技以及富有创意的成功人士等为内容，打造宣传品牌。

【工具】

- 培育一支海外推广团队，在捷克共和国的宣传推介中，系统介绍各政府部门、研究机构和企业的创新要素。

● 制作"捷克共和国：未来之国"战略宣传指南，在主要的国内外资料和活动中（会议、展览、世博会等）使用，包括在捷克共和国的相关专业公共机构、大使馆、驻外代表处和捷克中心的在线宣传工具中使用。

● 组合多种宣传工具（广告、公关、支持、直接营销），特别是使用社交媒体等新的宣传技术，推广"捷克共和国—2030年欧洲创新领跑者"的概念。

● 长期宣传科学、商业领域的成功案例，以及科研团队和其领导人的成功事例，如以下所选技术领域：人工智能、能源、高效系统、激光技术、纳米技术、太空技术、生物技术、化学和化工等。

● 在国际层面积极推广捷克共和国的技术领导者的形象（欧盟、经济合作与发展组织等），捷克共和国总理、部长、大使和国外代表应为此发挥重要作用。

● 在机构代表团中，吸纳对捷克共和国创新和研究潜力有深刻理解的专家，代表团要有明确的目标。

● 组织国外代表团来访，吸纳对本国研究政策有影响力的国外专家和科学家参加，向其展示捷克重要的研究和创新成果，吸引他们参与捷克的国家研发和创新活动。

● 以多种语言系统推介捷克共和国的研究机会，设立"欢迎办公室"面向外国科学家进行宣传。

● 组织研究领域相近的捷克专家组团出访有合作潜力的国家。

结 论

捷克共和国拥有非凡的机遇在2030年前成为欧洲创新的领导者。通过国际比较可知，捷克拥有实现积极转变的关键手段，特别是在创新的基础设施建设和数字化推动方面。除了实际的创新潜力外，捷克清楚认识到变革所需采取的举措。

同样重要的是，捷克共和国有政治意愿来进行这些变革。第一步将是增加研发领域的投资，开展研究评估，并将依据国际比较结果持续改进评估，帮助捷克人民逐步改善生活质量。

作为始终处于发展前沿的工业国，我们无惧工业 4.0 变革，也将支持那些能增强捷克世界地位的研发，特别是人工智能和各经济部门的数字化。公共管理服务实现数字化，同时居民仅需将他们的数据向公共管理部门填报一次，进行单点交流，这一可能性也将改善人们的生活质量。尤其重要的是，公民获得数字化服务的权利也会得到加强。

我们的国家以富有发明创造精神而闻名世界。我们拥有出众的技术潜力和优秀的工程技术人员。面对当今的新挑战，我们需要更有效的理工教育体系、新的教学方式、数字化教育，需要支持技术教育，从幼儿园开始进行手工技能培养。为了达到这个效果，我们将调整学校的教学安排、教师的培训实践及学生教育管理方法。

知识产权保护将得到系统的改善。这尤其需要从小学开始推广这个领域的系统化教育，促进专利保护和专利权的实施。

我们也将加强支持社会需求各领域因学术研究和业务需求而诞生的捷克本土公司、初创公司和衍生公司。根据以色列模式，我们将营造一个好的创业环境，国家将在企业初创的风险阶段运用各种手段给予支持。

我们将使用欧盟基金和本国资源为最有发展前景的中心和研究基础设施提供支持，既包括有国际重要性的中心，也包括会给捷克社会和经济带来最大利益的创新中心。

在过去，捷克的经济增长由投资拉动，今后则将立足高附加值的产出以及与研究基础设施的相关合作。捷克共和国以往的投资激励政策是为了支持就业，今后则将聚焦于促进创新。

当今和未来的基础设施不仅包括普通道路、高速公路和铁路，也包括电信基础设施及其相关的物流。我们将为迎接自动驾驶和新型交通能源做好准备，关注与气候变化相关的事项。短期内，我们将改革建设领域的法律，加快审批流程，按照最有创新活力国家的范例，促使所有基础设施能在较短的时间内建成。

捷克斯洛伐克在世界上曾经久负盛名，捷克共和国也理应享有类似的品牌声望。我们将采取多种沟通方式，提供系统性支持，将捷克塑造成为一个欣欣向荣、享有品质生活的国家，并促使这个形象在世界范围内传播。

致　谢

　　《"一带一路"框架下浙江与捷克经贸合作发展报告(2019)》顺利发布，在此感谢社会各界为本报告发布提供的帮助、指导与支持。

　　本报告在编写过程中得到了浙江省商务厅的悉心指导。外联处、外经处、综合处、贸发处等相关处室给予了鼎力支持，也对报告的内容提出了宝贵的修改意见。

　　报告在资料搜集过程中得到了正泰集团、大华科技、万向集团、浙江华捷等多家企业的全力配合，在此一并表示感谢！

　　感谢研究中心的各位同仁，感谢本报告的英语翻译团队、捷克语翻译团队以及外审专家们的辛勤工作，使这份报告得以用中、英、捷三语同时公开发布！

图书在版编目(CIP)数据

"一带一路"框架下浙江与捷克经贸合作发展报告.
2019：汉英对照 / 张海燕，郑亚莉，周俊子著. 一杭
州：浙江大学出版社，2020.4
ISBN 978-7-308-20098-1

Ⅰ.①一… Ⅱ.①张… ②郑… ③周… Ⅲ.①"一带
一路"－对外经贸合作－研究报告－浙江、捷克－2019－
汉、英 Ⅳ.①F752.857.3

中国版本图书馆CIP数据核字(2020)第043255号

"一带一路"框架下浙江与捷克经贸合作发展报告（2019）

张海燕　郑亚莉　周俊子　著

责任编辑	诸葛勤
封面设计	周　灵
责任校对	虞雪芬　董齐琪
出版发行	浙江大学出版社
	（杭州市天目山路148号　邮政编码310007）
	（网址：http://www.zjupress.com）
排　　版	浙江时代出版服务有限公司
印　　刷	浙江印刷集团有限公司
开　　本	787mm×1092mm　1/16
印　　张	13.75
字　　数	379千
版 印 次	2020年4月第1版　2020年4月第1次印刷
书　　号	ISBN 978-7-308-20098-1
定　　价	88.00元